ÉTRURIE D'HIER ET DE TOUJOURS

1. *«LE PLONGEON»: Peinture murale de la Tombe de la Chasse et de la Pêche à Tarquinia — Vers 520-510 avant J.-C.*

Roger Lambrechts

ÉTRURIE D'HIER ET DE TOUJOURS

ÉDITIONS PEETERS LEUVEN

à Thierry, Cécile et Pascale

«...si grande était la puissance de l'Étrurie que la gloire de son nom avait rempli les terres et les mers d'un bout à l'autre de l'Italie, des Alpes au détroit de Messine...»
TITE-LIVE, *Histoire romaine*, I, 2, 5.

ISBN 2-8017-0184-X
D. 1982/0602/4

INTRODUCTION

Y a-t-il un «mystère» étrusque?

Les idées reçues, on le sait, ont la vie dure. Voilà un siècle, plus ou moins, que plusieurs générations d'étruscologues, au prix d'un labeur souvent ingrat mais opiniâtre et probe, s'acharnent à reconstruire pierre à pierre l'image du passé; et depuis un siècle la science étruscologique progresse sans piétinement, à pas très lents sans doute mais absolument sûrs, et dans un miroitement de perspectives encourageantes, sans qu'elle ait pourtant réussi jamais à extirper de l'esprit du grand public cette conviction irraisonnée de la persistance d'un «mystère» étrusque! Faites donc savoir autour de vous votre intérêt pour les choses de l'Étrurie: vous n'irez pas bien loin sans entendre demander «s'il est en passe finalement d'être dévoilé ce fameux *mystère étrusque* »ou« si elle est enfin *déchiffrée* cette langue impénétrable». Après tout, peut-être est-ce l'Antiquité elle-même qui est à l'origine du préjugé moderne, elle qu'intriguaient déjà les singularités de langue et de mœurs du peuple toscan?

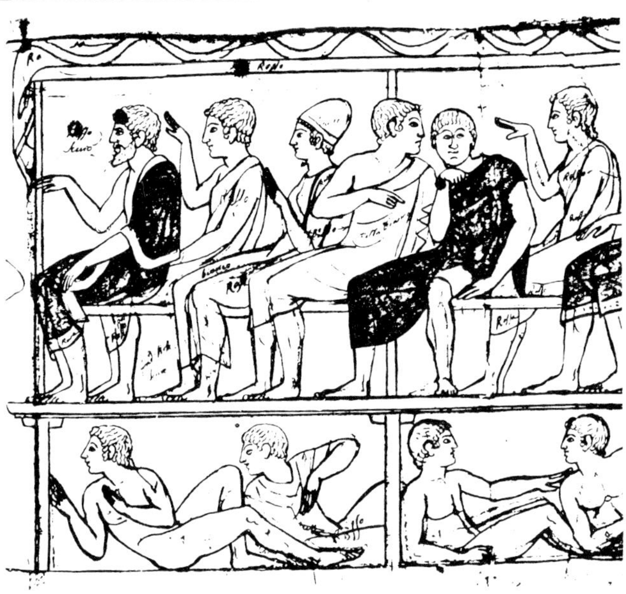

2. *Dessin par Stackelberg d'un détail des peintures, très détériorées, de la Tombe des Biges* (TARQUINIA, *premier quart du* V^e^ *s.), où l'on découvre des spectateurs des deux sexes dans les tribunes du stade.*

Car c'est bien de préjugé qu'il faut parler. Jetons, voulez-vous? un premier coup d'œil sur cette langue étrusque, qui, aux yeux du profane, est la source principale du mystère. *Etruscum est, non legitur*. Or, rien n'est plus inexact: tout texte étrusque se lit et, pour autant qu'on l'ait conservé dans un état satisfaisant, se lit sans difficulté aucune! La langue étrusque, en effet, n'use pas d'une écriture spéciale qui nous serait illisible; elle ne s'exprime pas au travers de signes inconnus de nous et dont l'identification, par conséquent, serait la condition préalable au moindre essai de traduction. Au contraire, l'alphabet étrusque n'est qu'un alphabet dérivé de l'alphabet grec par le canal des colonies d'Italie méridionale, et simplement adapté aux exigences phonétiques d'un milieu linguistique différent. Il est ainsi nécessairement fort proche du nôtre, puisque l'alphabet que les Latins nous ont transmis a même origine. Qu'on ne parle donc plus de «déchiffrement» de la langue étrusque: cette langue est, et depuis très longtemps, parfaitement déchiffrée! Ce qui fait problème malheureusement, c'est que ces mots que nous lisons couramment, nous n'en comprenons encore qu'une très faible partie, parce qu'ils appartiennent à une langue qui demeure isolée parmi les idiomes connus de nous — comme déjà les Anciens l'avaient constaté —, qui est étrangère notamment à la grande famille des parlers indo-européens et que par conséquent l'on n'a réussi à interpréter globalement par comparaison avec aucune langue connue. Le problème posé est donc un problème d'*intelligibilité*, et non de lecture.

3-4. *Inscription étrusque sur borne et sa transcription; on lit, de droite à gauche:*

tular · śpur
al · hil · pura
tum · vipsl
vχ · tatr (FIESOLE, Musée).

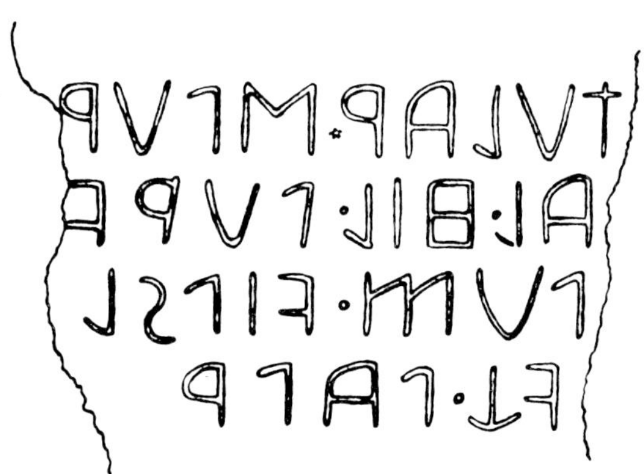

5. *Les trois lamelles d'or de Pyrgi* (ROME, Musée National de la Villa Giulia).

Mais il faut reconnaître qu'ici les difficultés restent grandes. Ce n'est pas que les textes originaux nous manquent: on possède, à l'heure actuelle, environ 10.000 inscriptions! C'est naturellement beaucoup, mais cela ne saurait compenser cependant la perte totale de la littérature étrusque. En outre, à de très rares exceptions près, cet abondant matériel épigraphique n'est composé que de formules funéraires ou votives — gravées ou peintes sur monuments et objets divers —, dont la brièveté, la monotonie, la sécheresse (noms propres, filiation, âge...) sont proprement désespérantes. Contrairement à une opinion répandue, nous disposons même d'inscriptions bilingues étrusco-latines, mais d'une égale brièveté et d'une même indigence de contenu. Toutefois, la découverte récente à Pyrgi, le port de l'antique Cerveteri, de lamelles d'or avec des textes bilingues étrusco-puniques à caractère dédicatoire a prouvé qu'aujourd'hui, avec l'intensification des fouilles et leur extension aux sites urbains, il n'est plus fou d'espérer encore la prochaine trouvaille d'autres bilingues non funéraires, avec cette fois peut-être parmi elles quelque document plus important, qui serait à l'étrusque ce que fut la pierre de Rosette aux hiéroglyphes égyptiens.

Néanmoins, les chercheurs n'ont pas cru devoir attendre l'aubaine d'une semblable découverte pour se mettre au travail. Et c'est heureux, car la somme de tant d'efforts sérieux et méthodiques a déjà fait parcourir à l'herméneutique étrusque une partie appréciable du chemin. Par quelle démarche? En fait, plus d'une méthode a été mise en œuvre pour aborder l'étrusque, et il semble nécessaire, même dans un ouvrage de vulgarisation, d'en dire un mot. La première en date — et c'est logique — a cherché à déduire les valeurs sémantiques et grammaticales de l'étrusque de l'extérieur, c'est-à-dire des idiomes de tel ou tel groupe linguistique dont on présupposait que l'étrusque faisait partie. On voit évidemment le cercle vicieux: comment peut-on, de ressemblances formelles entre l'étrusque et d'autres langues — connues — prétendre tirer des conclusions dont le fondement scientifique devrait être précisément la démonstration préalable d'une parenté étroite entre l'étrusque et telle autre langue, ce que, jusqu'à présent, l'on n'a pas réussi encore à établir? Les seuls résultats obtenus par cette «méthode étymologique» sont donc limités, forcément, à des termes communs ou d'emprunt. Chaque fois qu'on usa d'elle comme d'un instrument appelé à expliquer l'étrusque en bloc à partir d'une autre langue, elle fit faillite. On lui substitua donc une seconde méthode, inductive, dite plutôt «combinatoire», qui, pour enrayer les erreurs engendrées par tant d'étymologies spécieuses, préconisa un recours direct à l'étrusque, et à l'étrusque exclusivement. Cette fois, les textes sont donc étudiés en eux-mêmes et dans leurs rapports réciproques: une première hypothèse, de nature grammaticale ou lexicale, peut être suggérée par l'étude attentive du contexte des mots, par la destination de l'objet porteur de l'inscription, par sa décoration, l'endroit de sa découverte etc.; la validité de cette hypothèse de travail est testée ensuite sur tous les passages apparentés. Incontestablement cette exégèse intrinsèque a mené à des résultats sûrs et nombreux, et il est certain qu'appliquée intelligemment, c'est-à-dire sans esprit de système, elle reste toujours la méthode fondamentale d'une recherche sérieuse. Il faut souligner pourtant que ce qui fait sa force est aussi source de faiblesse: très souvent, en effet, les traductions qu'elle permet d'obtenir, pour n'être pas contestables, manquent de précision et, plutôt que le sens exact d'un mot, ne peuvent révéler que sa signification toute générale. On pourra bien sentir que tel verbe, par exemple, doit exprimer approximativement l'action de donner — et c'est déjà un résultat —, mais faute d'un point d'appui externe, il ne sera guère facile de décider de sa traduction précise: «offrir» ou «dédier»? «remettre»? «offrir en sacrifice»? ou autre chose encore? En outre, cette méthode est applicable surtout aux inscriptions courtes, qui, on le sait, sont généralement funéraires; elle marque le pas devant des textes plus longs et plus riches de contenu, justement parce qu'ils sont plus rares et donc dépourvus de parallèles suffisants.

Proposée plus récemment, la «méthode des bilingues» entend souligner la faute de principe dont seraient entachées des analyses linguistiques — étymologiques ou combinatoires — qui oublieraient qu'une langue est l'expression vive de l'histoire et de la culture de ceux qui la parlent. Partant donc du fait que la civilisation étrusque, pour différente qu'elle fût, a été liée étroitement aux civilisations grecque, italique et latine et que pareille

6. *La longue inscription du cippe n° 366 de Pérouse*

(Pérouse, Musée Archéologique National de l'Ombrie).

7. *Urne cinéraire en albâtre de Città della Pieve avec le nom du défunt gravé à la base du couvercle* (FLORENCE, Musée Archéologique).

communauté historique et culturelle ne peut pas ne pas avoir entraîné des ressemblances de structure et de contenu dans les documents épigraphiques également, elle croit possible, dans bien des cas, de confronter une inscription étrusque avec un texte italique, latin ou grec de contenu et de formulation présumés analogues, et d'en tirer des traductions ou des équivalences, comme s'il s'agissait d'une bilingue. Naturellement, la méthode est d'application délicate et il faut se garder d'en exagérer la portée. Elle n'exclut d'ailleurs pas le recours à la méthode inductive. Au contraire, elle peut se présenter comme un complément de cette dernière, capable de lui apporter, par un contrôle externe et analogique la précision ou la confirmation qui lui feraient défaut. Il est bien évident d'ailleurs, puisque chacune de ces trois méthodes traditionnelles offre, à côté de points faibles, des avantages propres indéniables, qu'il ne serait guère scientifique d'opter systématiquement pour une seule d'entre elles plutôt que de rechercher la synthèse des aspects positifs des trois types de recherche. Aujourd'hui, du reste, l'extraordinaire accroissement de notre patrimoine épigraphique, consécutif aux découvertes particulièrement nombreuses et heureuses de ces dernières années, pourrait bien modifier sensiblement les perspectives de la recherche herméneutique étrusque. Il est bien certain, en effet, que la multiplication présente des découvertes épigraphiques offre à la recherche un terrain beaucoup plus vaste et ferme qu'autrefois, décuplant les possibilités d'atteindre à la vérité et de conquérir la certitude. Déjà, les importantes inscriptions récemment trouvées à Pyrgi, à Cerveteri ou à Tarquinia ont permis de transformer bien des conjectures en acquisitions définitives de la science. Dès lors, ne serait-il pas déraisonnable et quelque peu anachronique de se risquer encore, sur les points obscurs, aux jeux dangereux de l'hypothèse, quand il semble si légitime d'attendre des prochaines découvertes beaucoup plus que des approximations?

8. *L'alphabet étrusque.*

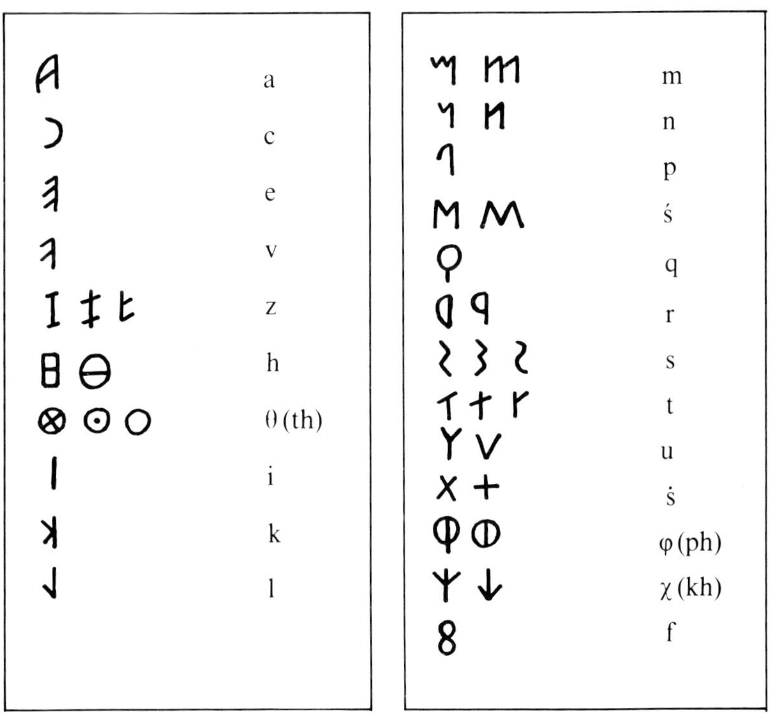

9. *Un «obèse étrusque» selon le mot de Catulle. Couvercle de sarcophage de Chiusi* (FLORENCE, Musée Archéologique).

Quoi qu'il en soit, l'étrusque aujourd'hui n'est plus pour nous une langue totalement inintelligible, et de courtes inscriptions se traduisent même parfaitement. Dès maintenant, on possède un vocabulaire qui, sans compter les noms propres, doit s'élever à 200 significations environ, et ce glossaire s'enrichit chaque année. C'est sans doute peu, mais très appréciable déjà. Il n'en faut pas tant pour maîtriser une langue: on a calculé que César, pour écrire tous les livres de *La Guerre des Gaules*, n'a eu besoin que de 2.754 mots seulement. On dispose d'une phonétique étrusque assez bien établie et même d'éléments de syntaxe, on possède les grandes lignes de la morphologie avec un canevas de déclinaisons et de conjugaisons... Dans tout cela, où donc est le «mystère»? Que de vastes zones d'ombre subsistent, c'est indéniable. Mais on les réduit progressivement. Le problème de l'interprétation de l'étrusque est en voie de solution, même si cette solution est affaire encore de beaucoup de patience et de travail. Et puis, ignore-t-on que même en latin, langue connue s'il en est et riche d'une ample littérature, l'interprétation de certains textes archaïques n'est pas moins problématique et controversée? que l'incertitude, a fortiori, entache fâcheusement aussi notre connaissance de bien d'autres langues antiques, même si elles font partie d'un groupe linguistique connu, quand, comme l'étrusque, elles n'ont survécu qu'épigraphiquement?

Qu'on pardonne notre insistance! Nous avons cru que l'embarras évident du public cultivé d'aujourd'hui justifiait ce surcroît d'information. Nous aimerions ne plus trouver chez lui ce scepticisme aveugle à l'égard des progrès de la recherche étruscologique, ni non plus cette ignorance crédule qui en fait la victime trop facile de toutes ces publications charlatanesques, qui ont fait surface périodiquement au cours des dernières décennies, comme des monstres de lacs écossais. A chaque coup, un nouveau Champollion au petit pied y clame sa joie — et ses illusions — d'avoir enfin trouvé, dans des rapprochements inattendus, la «clef» miraculeuse d'une langue restée mystérieuse jusqu'à lui. Et chaque fois la démarche est la même: sans formation scientifique, au nom d'une intuition géniale, au mépris de toute méthode critique, dans une ignorance superbe des résultats et de l'expérience accumulés par les générations précédentes de chercheurs, on franchit allégrement le pas de l'hypothèse à l'affirmation péremptoire et l'on s'enorgueillit de conclusions fantastiques dont on semble ne pas voir les criantes contradictions. La marotte, au fond, serait relativement inoffensive, car ces constructions pseudo-scientifiques n'ont généralement pas la vie longue, si la presse ne leur assurait trop souvent une publicité malencontreuse et n'achevait de désorienter le public en accréditant auprès de lui cette idée archifausse que l'étrusque est une langue dont on ignore encore tout et qu'on peut impunément tenter d'interpréter à partir de zéro, sans tenir aucun compte du fonds d'acquisitions, insuffisantes mais réelles et sûres, nous l'avons dit, que les recherches antérieures ont déjà constitué.

Les origines

Pour l'*opinio vulgaris*, un autre volet du «mystère étrusque» est fait de la question des origines du peuple toscan. Aux yeux de la critique moderne cependant, ce problème perd de son importance et tend à être remplacé par celui, plus fécond, de la formation de la nation et de la civilisation étrusques. Mais il est vrai que naguère encore il formait le principal objet d'intérêt de l'étruscologie. Il est débattu depuis l'Antiquité d'ailleurs et a suscité de nombreuses théories, dont trois surtout se sont affrontées, pareillement absolues dans leur démonstration et inconciliables dans leur solution. L'une attribue aux Étrusques une origine transmarine: ils seraient des colons partis du bassin oriental de la mer Égée (plus précisément de Lydie) et qui auraient débarqué sur les côtes d'Italie. Pour la seconde, les Étrusques seraient un

10-11. *Fragment d'inscription où apparaît la désignation ethnique que les Étrusques s'attribuaient eux-mêmes: « tular raśnal » équivaut à « fines Etruriae » et est une indication de frontières*

(LEYDE, Musée National d'Antiquités).

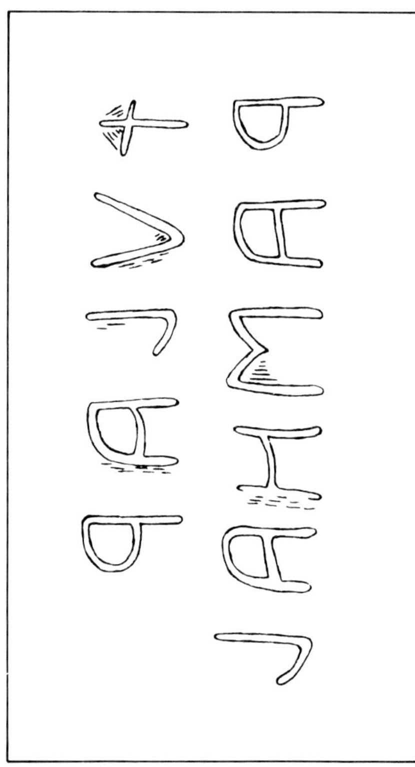

peuple très ancien de l'Italie même, antérieur aux diverses migrations, c'est-à-dire un peuple en quelque sorte «autochtone». Pour la troisième enfin, les Étrusques seraient descendus en Italie centrale depuis le Nord, depuis les régions alpines et plus exactement à travers les Alpes Rhétiques.

Reprenons rapidement ces trois thèses, une à une. Celle de l'origine septentrionale n'a plus guère de défenseurs aujourd'hui. Elle partait d'un rapport présumé entre la désignation ethnique que — du nom d'un de leurs chefs — les Étrusques s'attribuaient eux-mêmes, *Rasena*, et le nom d'une peuplade alpine, *Ræti*, les Rhètes. Mais cette hypothèse d'une provenance continentale n'a pu trouver, en fin de compte, aucune confirmation sérieuse, ni archéologique, ni linguistique. Les traits étrusques, en effet, qu'on peut relever dans la plaine padane résultent évidemment de la colonisation de cette région par les Étrusques de Toscane, ainsi qu'en témoignent d'ailleurs les sources historiques.

La thèse de l'origine orientale a pour garant le Père de l'Histoire lui-même: Hérodote raconte, en effet, qu'un prince de Lydie, nommé Tyrrhénos, aurait quitté son pays à la suite d'une violente famine, emmenant la moitié de la population lydienne dans un long périple, qui finalement devait les porter tous en Italie, où ils se seraient fixés et auraient fondé des villes. C'est la théorie traditionnelle. L'autorité d'Hérodote l'imposa déjà aux Anciens, chez qui l'équivalence Étrusques-Lydiens prit bien vite place au nombre des lieux communs littéraires. De nos jours encore, c'est l'opinion la plus répandue, celle d'une migration *sul vento e dal mare*, d'un *viaggio senza ritorno*, tel que l'a évoqué V. Cardarelli, le poète de Tarquinia. Et les tenants actuels de cette position prennent appui sur l'apparente confirmation qu'apportent à la tradition antique tant de faits de civilisation chez les Étrusques.

On sait, par exemple, que vers 700 avant notre ère la civilisation étrusque, se dégageant des formes plutôt primitives encore de la culture précédente, dite villanovienne, prend soudain un aspect nettement orientalisant. Il est donc assez tentant d'imaginer, vers cette époque, un groupe de conquérants apportant d'Orient une culture nouvelle à la Toscane. Ce faisant, on abandonne, bien sûr, la chronologie mythique d'Hérodote, qui situe l'aventure «tyrrhénienne» au XIIIe siècle. Mais cette date-ci ne trouve pour elle aucun soutien archéologique. Et du reste, il n'est pas exclu que l'immigration du début du VIIe siècle ait été précédée par diverses vagues de précurseurs, dont les premières sont reportées parfois jusqu'à l'âge du bronze, ce qui permet d'y reconnaître peut-être l'un des «peuples de la mer» énumérés dans les documents égyptiens et dont l'Égypte de l'époque eut à se défendre. La migration orientale rendrait compte aussi des affinités profondes qui paraissent rattacher l'Étrurie aux vieux peuples d'Orient en matière de religion, et plus particulièrement de divination par observation des phénomènes célestes ou des viscères d'animaux sacrifiés. En outre, il semble que la

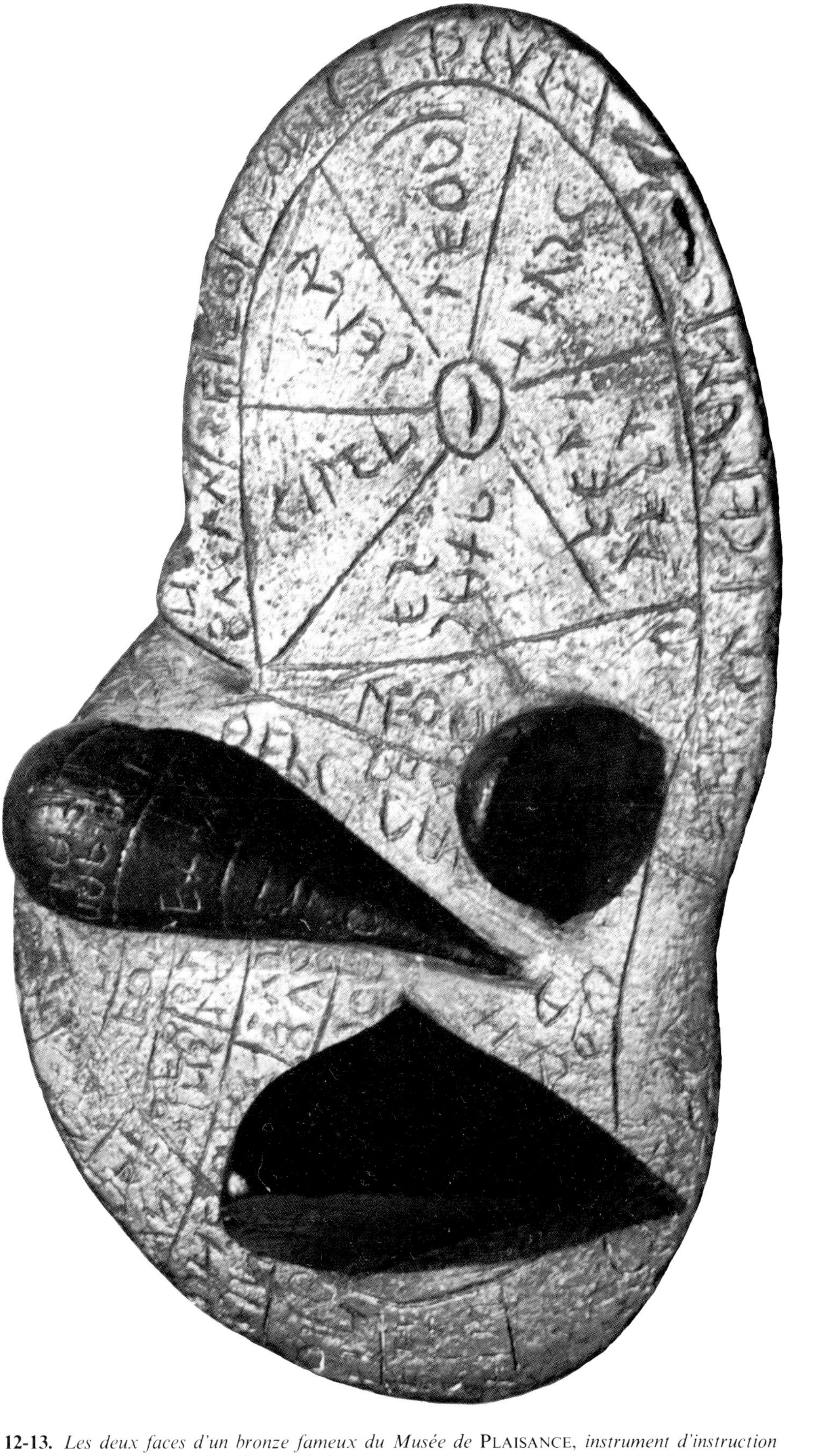

12-13. *Les deux faces d'un bronze fameux du Musée de* PLAISANCE, *instrument d'instruction sacerdotale en forme de foie de brebis.*

langue étrusque offre certaines particularités qui se retrouvent dans des dialectes de l'Asie Mineure occidentale. Il y a surtout, au Musée National d'Athènes, un document étonnant en dialecte préhellénique: une stèle funéraire du VIe siècle, trouvée dans l'île de Lemnos, dont la double inscription, sans être de l'étrusque, n'en est pas moins ce que, jusqu'à présent, l'on a découvert de plus approchant. Puisque Hérodote nous dit que les compagnons de Tyrrhénos ont «côtoyé beaucoup de peuples» dans leur pérégrination, pourquoi Lemnos n'aurait-elle pu garder le souvenir de leur passage?

On n'aura pas manqué de noter cependant que la tradition hérodotéenne ressemble, au fond, à beaucoup d'autres fables érudites élaborées par l'Antiquité et qui expliquent la fondation d'une ville ou l'éclosion d'une civilisation nouvelle dans l'Ouest méditerranéen par l'essaimage des cultures plus anciennes et prestigieuses de l'Orient. Ne songeons qu'à Énée et aux origines troyennes de Rome! Dès lors, pourquoi le récit de la migration lydienne devrait-il mériter plus de créance que tant d'autres? A cause du phénomène orientalisant en Étrurie? Mais, à cette époque, bien d'autres coins de la Méditerranée s'ouvraient semblablement à l'influence de l'Orient, à commencer par la Grèce elle-même! Et l'Étrurie, après cette «mode» orientalisante, connaîtra une phase ionienne, puis attique. Faut-il, à chaque coup, pour rendre compte de ces jeux d'influences, invoquer l'intrusion soudaine et massive d'un groupe étranger, porteur de sa propre civilisation? En Toscane d'autant moins, semble-t-il, que les manifestations orientalisantes, si prononcées qu'elles soient, n'y marquent jamais, dans l'enchaînement des cultures, cette rupture que nécessairement impliquerait la transplantation d'un facteur ethnique nouveau. En effet, la civilisation orientalisante s'épanouit presque partout dans les mêmes centres où s'était développée,

14. *Tombe de Volterra (VIIIe s.) «a cassa», faite de dalles de pierre, et «a ziro» ou grande jarre contenant une urne de type villanovien*

(VOLTERRA, Musée Étrusque Guarnacci).

immédiatement avant, la culture dite villanovienne. Et les traits essentiels de cette Étrurie brillante du VIIe siècle, on les voit poindre déjà durant la phase villanovienne évoluée (introduction du rite nouveau de l'inhumation, modification du type de sépulture, enrichissement graduel du mobilier funéraire, ouverture aux influences étrangères...). Les Villanoviens seraient-ils donc déjà des Étrusques? Il ne semble pas nécessaire, en tout cas, de chercher la justification du visage nouveau que prend la Toscane au VIIe siècle, en dehors d'une évolution naturelle des traditions indigènes, stimulées à l'époque par l'essor économique soudain dû à l'exploitation des richesses locales en minerai et, en conséquence, par un accroissement des échanges avec l'Orient méditerranéen.

Il faut dire encore qu'en situant au VIIe siècle une immigration tyrrhénienne, on admet implicitement qu'à un moment où déjà les colons grecs étaient solidement établis en Sicile et en Italie méridionale, un mouvement colonial concurrent et de telle envergure a pu passer inaperçu au point de n'être pas enregistré par l'historiographie grecque, ou a pu être impunément transfiguré par un écrivain en événement mythique!

Quant aux rapports présumés entre l'étrusque et les langues antiques connues d'Asie Mineure, ils ne sont pas toujours sûrs et dans tous les cas sont si ténus qu'ils excluent certainement que les Étrusques aient pu être, comme l'assurait Hérodote, une fraction très importante de la nation lydienne! Reste la parenté linguistique avec le dialecte lemnien, qui semble indiscutable.

La troisième thèse, celle de l'autochtonie, est née d'un passage du premier livre des *Antiquités romaines* de Denys d'Halicarnasse, un historien et rhéteur grec du temps d'Auguste. Pour Denys, le peuple étrusque n'a émigré de nulle part, il a toujours été là. Dans cette optique, on fait des Étrusques le résidu ethnique de peuplades préexistantes aux grandes invasions indo-européennes. Et la naissance de la civilisation étrusque, au début du VIIe siècle, ne serait dans ce cas, comme on l'a écrit, qu'une «renaissance», celle de la postérité de ces populations méditerranéennes établies en terre italique avant les Indo-Européens, inévitablement submergées par ceux-ci, mais refaisant surface sous des sollicitations culturelles provenant d'Orient. De la sorte, pourraient s'expliquer les liens relevés entre la langue étrusque et d'autres idiomes méditerranéens, qui, comme elle, émaneraient de divers îlots ethniques et linguistiques, vestiges épars d'une vaste unité pré-indo-européenne perdue.

On l'aura compris en nous lisant, un phénomène aussi complexe que peut l'être l'éclosion d'une civilisation nouvelle peut difficilement être réduit à une formule schématique et unilatérale, et, fort heureusement, l'on commence à revenir aujourd'hui de l'esprit de système. Il est clair, en effet, que chacune des trois thèses traditionnelles que nous venons de résumer contient sa part de vérité. Il est évident surtout que se représenter la naissance de la civilisation étrusque comme l'apparition soudaine sur les côtes d'Italie centrale d'une nation porteuse d'une culture déjà définitivement constituée est une position historiquement intenable. En fait, c'est entre le VIIIe/VIIe et le Ier siècle avant J.-C., en territoire et milieu italiques, en contact étroit avec d'autres communautés, avec leurs langues, leurs institutions, leurs coutumes, leurs cultures que s'est définie, par brassage, la réalité historique qui seule mérite le nom d'étrusque. On peut, si l'on veut, rechercher, en Orient ou ailleurs, l'origine première de chacun des éléments formatifs de cette réalité, mais cela n'aura qu'un intérêt historique relativement secondaire. On l'a dit souvent: l'histoire de France, par exemple, est évidemment tout autre chose que l'histoire de l'origine des Francs; c'est celle de la formation de la nation française. La critique moderne a donc déplacé quelque peu le problème: il s'agit moins, pour elle, d'une question de provenance que de formation ethnique. Le fait essentiel demeure la fusion, entre Tibre et Arno, à l'âge du fer, de composantes ethniques d'origines diverses — probablement orientale, grecque, continentale, indigène... —, dont aucune ne mérite encore le nom d'étrusque, mais qui se sont compénétrées pour former cette fois les Étrusques historiques, c'est-à-dire une entité essentiellement différente de ce qu'avait pu être, en d'autres temps et sous d'autres cieux, chacune des composantes.

Cette manière de voir, prônée surtout par le grand maître de l'étruscologie contemporaine qu'est le savant italien M. Pallottino, n'exclut pas, on le voit, la possibilité d'un apport étranger, mais d'un apport qui numériquement serait insuffisant à modifier radicalement les traditions indigènes. L'hypothèse de quelque apport oriental, à l'époque préhistorique, rend d'ailleurs compte des affinités, linguistiques ou autres, avec l'Orient. Et puis, l'on sait trop aujourd'hui combien la Méditerranée occidentale fut, dès l'époque mycénienne, sillonnée en tous sens de mouvements commerciaux et coloniaux multiples. Les pérégrinations fameuses d'Ulysse ou d'Énée, des Pélasges ou des Étrusques n'en sont que les reflets légendaires.

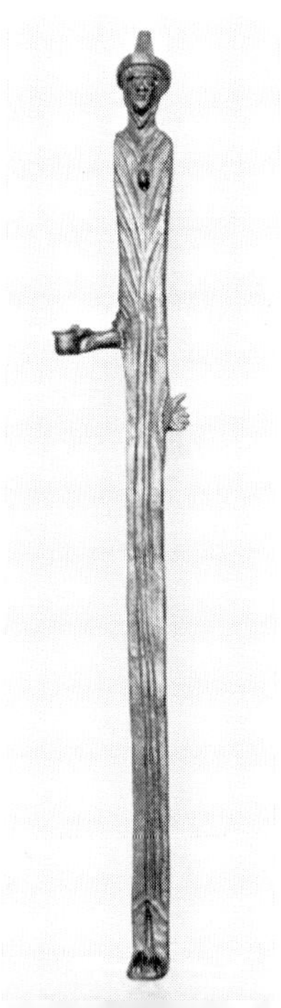

15. *Statuette filiforme en bronze représentant peut-être un haruspice* (ROME, Musée National de la Villa Giulia).

16. *Antéfixe à tête de Gorgone, élément de la décoration en terre cuite du temple du lieu-dit « il Portonaccio » à Véies* (ROME, Musée National de la Villa Giulia).

L'art

Un mot, pour terminer, sur l'art étrusque, puisque aussi bien, dans cet album, c'est d'art surtout qu'il sera question. D'art? Mais est-on en droit justement de parler ici d'art véritable? et, dans ce cas, à quelle exacte place convient-il de situer cet art par rapport à l'art grec? Jusqu'au début de notre siècle, en effet, la position de la critique était, sur ce point, essentiellement négative. Impuissante encore à se libérer de la gangue néo-classique, dans laquelle l'avait laissée Winckelmann, elle n'évaluait les manifestations artistiques du monde étrusque qu'en les mettant en balance avec les chefs-d'œuvre grecs, et dès lors n'y reconnaissait pas plus qu'un phénomène marginal et d'intérêt mineur. Puis, bouclant le cercle vicieux, elle ne laissait la paternité étrusque qu'aux réalisations les moins marquantes, jugeant de main grecque les œuvres de niveau qualitatif supérieur.

Le revirement s'opéra principalement sous le coup de la retentissante découverte, pendant la première guerre mondiale, des grandes terres cuites de Véies. Certes, ces trouvailles nouvelles ne faisaient que confirmer combien l'art d'Étrurie était nourri d'art grec, que c'est dans le monde hellénique qu'il avait puisé l'inspiration de la plupart de ses types et de ses thèmes, que dans les formes stylistiques mêmes qu'il s'était choisies, il avait suivi — de loin — la ligne évolutive de l'art grec. Certes aussi, le caractère artisanal des œuvres étrusques en notre possession ne demeurait pas moins évident : même ces grands acrotères véiens relevaient de cette production décorative. L'art étrusque avait-il d'ailleurs jamais dépassé ce stade artisanal ?

Mais pourtant, des œuvres éclatantes étaient là maintenant pour rappeler que de ces artisanats d'art antiques pouvaient émerger aussi des personnalités artistiques originales, pour nous faire découvrir ou redécouvrir dans la production étrusque les indices non trompeurs d'une vision propre de la réalité et d'un tempérament artistique autonome : spontanéité et dynamisme, sens de l'effet rapide et direct ; vigueur plastique et goût du concret, de l'individuel, du détail contingent et pittoresque savoureusement observé ; déformation libre et consciente de la réalité, accentuation, au mépris même de la correction formelle, des lignes, des volumes, des mouvements dans une quête irrépressible d'intensité d'expression...

17-18. *Urne et cippe funéraire à relief plat (pierre fétide, fin VI*e*-début V*e *s.) de Chiusi* (CHIUSI, Musée National Étrusque).

Ne querellons donc pas l'artiste étrusque pour avoir trop facilement accepté l'empreinte de la culture grecque. Il serait absurde, comme on l'a très justement écrit, de prétendre que l'art étrusque, né dans le voisinage immédiat de la Grèce et en contact permanent avec elle, pouvait se développer sur d'autres principes et en pleine indépendance, alors que l'art du monde ancien, tout entier, ne sut résister au divin enchantement de la culture hellénique, intrinsèquement supérieure et si activement rayonnante. L'essentiel est que l'artiste toscan ait montré que, dans l'orbite même de l'expérience artistique grecque, il savait rester fidèle à son génie propre. L'Étrurie nous offre ainsi, si l'on veut, une interprétation régionale des formules grecques. Le phénomène est particulièrement évident à l'époque archaïque, et c'est en ce sens qu'on a pu dire que si le Maître de l'Apollon de Véies est, sans doute possible, un coroplaste étrusque, c'est aussi sans contredit une des plus nobles figures de l'archaïsme grec. L'art grec archaïque n'a rien d'unitaire, en effet. Ce n'était pas un art «national», mais qui, au contraire, se prêtait particulièrement à une interprétation multiforme. Il représente un patrimoine commun à l'élaboration duquel ont participé des centres nombreux, dispersés dans le monde, mais vivant concurremment la même expérience artistique, chacun en fonction de son milieu, avec son originalité propre, selon ses exigences et ses moyens. Et dans cette communauté de culture ont trouvé place également des territoires partiellement hellénisés seulement ou non grecs même, mais sous influence grecque, comme l'Étrurie.

19. *Figure de jeune dieu, terre cuite peinte de style hellénistique qui décorait le temple dit « d'Apollon » à Faléries (Civita Castellana)*

(ROME, Musée National de la Villa Giulia).

L'infortune de l'art étrusque, comme déjà, à la fin du siècle dernier, on le soulignait dans la première histoire de cet art, c'est de n'avoir jamais eu le temps de se former, c'est-à-dire de n'avoir pas pu développer une solide tradition artistique locale, un idéal propre de beauté. Privée de cette force interne, l'Étrurie fatalement était destinée à rester dans le sillage des influences étrangères, ou à végéter, quand les rapports avec ces foyers extérieurs venaient à se raréfier. Ainsi s'explique le cours étonnamment inégal de la production artistique étrusque. On est loin ici du développement équilibré, organiquement réfléchi de l'art grec ! L'art étrusque a vécu d'instinct, par à-coups, fruit de l'imitation de formes étrangères ou d'improvisations plus ou moins heureuses.

20. *Autre terre cuite architectonique d'époque hellénistique représentant Hercule jeune*

(BRUXELLES, Musées Royaux d'Art et d'Histoire).

Au début du Ve siècle, la grave crise politique et économique que vit l'Étrurie, les lourds revers internationaux qu'elle subit alors (abandon du Latium, perte du contrôle de la mer, déclin de son hégémonie sur la Campanie) freinent ses contacts avec la Grèce et l'Orient et isolent l'art étrusque du classicisme. Lorsque la Grèce passe de l'art archaïque à l'art classique, l'Étrurie cette fois ne suit donc pas. Il faut dire d'ailleurs que le tempérament étrusque manque d'affinité avec les goûts nouveaux, et que, de plus, l'activité des grands maîtres de la Grèce classique a pris un caractère plus «national», qu'elle se concentre plus spécialement désormais dans un petit nombre de grands centres grecs, à Athènes en particulier. Il n'y a donc pas à s'étonner, dans ces conditions, que la pénétration des influences classiques en Étrurie ait été très sporadique et tardive, ni que, replié sur lui-même, l'art étrusque se soit si longuement attardé sur les motifs et les formules archaïques, ailleurs déjà périmés.

21. *Buste en bronze dit de « Brutus »* (ROME, Palais des Conservateurs).

22. *Portrait votif en terre cuite, d'époque étrusco-romaine, provenant du temple majeur de l'acropole de Faléries (Civita Castellana)* (ROME, Musée National de la Villa Giulia).

Il y a par conséquent en Étrurie une rupture sensible entre art archaïque et hellénistique. Durant l'époque hellénistique, en effet, se manifeste une reprise très nette des rapports culturels avec la Grèce. C'est que le goût qu'affiche l'art nouveau pour le concret, le pittoresque, le dramatique se concilie au mieux avec les tendances profondes de l'âme étrusque. Et pourtant, une fois encore, à cette époque, à travers l'imitation plus ou moins réussie des modèles étrangers, se font jour, en certains domaines, d'incontestables élans d'originalité. C'est ici notamment que s'affirme le portrait étrusque, extraordinaire d'observation et de force expressive, et que naît avec lui, bien loin de l'esprit grec, une tradition artistique nouvelle qui, par delà le déclin de l'Étrurie, demeurera vivace dans l'art de l'Italie romaine et dans tout l'art occidental. Et peut-être ici touchons-nous du doigt le véritable rôle dévolu aux Étrusques dans l'histoire culturelle de l'humanité, un rôle essentiel de trait d'union entre Orient et Occident, entre la Grèce et Rome, entre la protohistoire et l'aube de l'art européen? «L'Étrurie, a-t-on dit*, est un personnage de l'histoire antique sans doute mineur par rapport aux protagonistes, la Grèce et Rome, mais c'est un personnage réel et nécessaire, sans l'action duquel l'histoire, les formes de l'Occident eussent été autres que ce qu'elles furent».

* *Historia*, VI, 1 (1957), p. 9 (M. PALLOTTINO).

23. *La « louve romaine », bronze étrusque du début du Ve siècle avant J.-C.* (ROME, Palais des Conservateurs).

24. *L'Étrurie.*

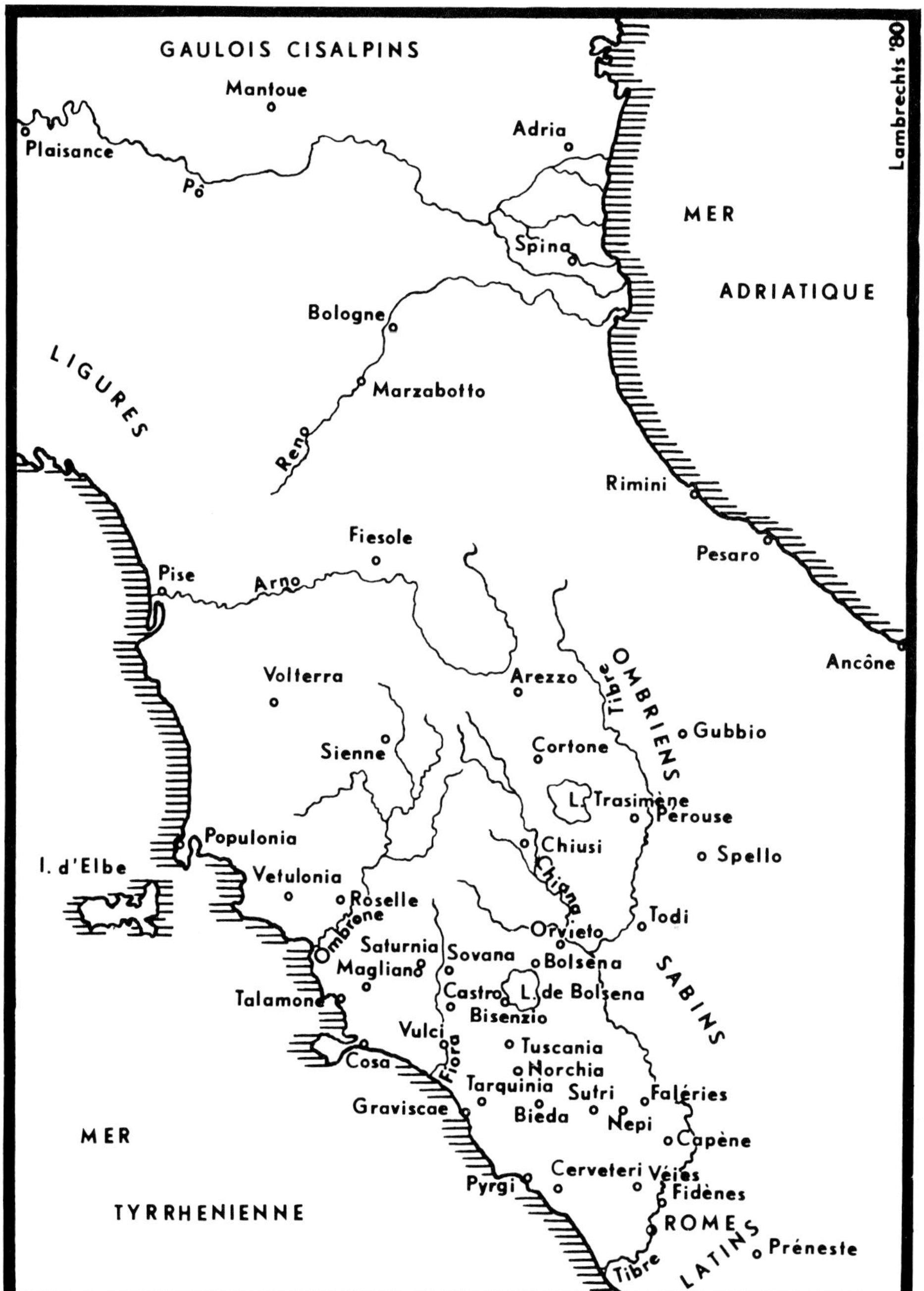
GAULOIS CISALPINS
Mantoue
Plaisance
Pô
Adria
Spina
MER
ADRIATIQUE
Bologne
Marzabotto
LIGURES
Reno
Rimini
Pesaro
Fiesole
Pise
Arno
Ancône
Volterra
Arezzo
Tibre
OMBRIENS
Gubbio
Sienne
Cortone
L. Trasimène
Pérouse
Populonia
Chiusi
Spello
I. d'Elbe
Vetulonia
Chiana
Roselle
Ombrone
Todi
Orvieto
Saturnia
Sovana
Bolsena
SABINS
Magliano
Castro
L. de Bolsena
Talamone
Bisenzio
Vulci
Tuscania
Fiora
Cosa
Norchia
Tarquinia
Sutri
Faléries
Graviscae
Bieda
Nepi
MER
Capène
Cerveteri
Véies
Pyrgi
Fidènes
TYRRHENIENNE
ROME
LATINS
Préneste
Tibre
Lambrechts '80

Les grands moments de l'histoire des Étrusques

IXe-VIIIe siècle	Civilisation villanovienne.
VIIIe siècle	Début de la colonisation grecque de l'Italie méridionale et de la Sicile.
VIIe et VIe siècles	Apogée de la puissance étrusque. Les flottes alliées des Étrusques et des Carthaginois contrôlent la Méditerranée occidentale. Expansion territoriale des Étrusques vers le sud (pays falisque, Latium, Campanie) et vers le nord (plaine padane, côtes adriatiques). Les Grecs se maintiennent sur une partie du littoral campanien, à Cumes notamment.
616-509	Dynastie étrusque de Rome: Tarquin l'Ancien, Servius Tullius, Tarquin le Superbe.
vers 540/535	Grande bataille navale au large d'Alalia (ou Aleria), colonie phocéenne sur la côte orientale de la Corse: les flottes réunies des Étrusques et des Carthaginois contraignent les Grecs à évacuer la Corse, qu'occupent aussitôt les Étrusques.
524	Aristodème de Cumes repousse victorieusement un assaut des Étrusques unis à des populations indigènes.
509	Expulsion de Tarquin le Superbe et institution de la République romaine. La perte de Rome et du Latium coupe la liaison directe avec la Campanie. Retour offensif de Porsenna, roi de Chiusi. Victoire des Latins, aidés par Aristodème de Cumes, sur Arruns, fils de Porsenna, à Aricia dans les monts Albains.
VIe-Ve siècle	Abolition des royautés étrusques, installation de gouvernements républicains.
474	Bataille de Cumes: la flotte de Cumes, soutenue par les Syracusains, met en déroute les marins étrusques.
seconde moitié du Ve siècle	Descente des Samnites en Campanie: prise de la Capoue étrusque.
vers 400	Premières invasions gauloises en Italie.
396	Au terme d'un très long conflit, Véies est prise et détruite par les Romains, conduits par M. Furius Camillus. Rome s'empare de Capène, Nepi et Sutri.

vers 390	Après le siège de Chiusi, les Gaulois descendent jusqu'à Rome, qu'ils incendient.
384-383	Denys l'Ancien, tyran de Syracuse, ravage la côte toscane, occupe l'île d'Elbe et la Corse, enlève aux Étrusques même les bouches du Pô.
358-351	Guerre entre Tarquinia et Rome. Tarquinia signe la paix et une trêve de quarante ans. Cerveteri accepte une soumission inconditionnelle et ne conserve qu'un semblant d'autonomie.
milieu du IVe siècle	L'Étrurie circumpadane est devenue Gaule Cisalpine.
311	Soulèvement étrusque contre Rome et siège de Sutri. Déroute des troupes étrusques.
308	Soumission de Tarquinia qui doit céder une partie de son territoire et signer une nouvelle trêve de quarante ans. La voie de l'Étrurie centrale est ouverte aux Romains.
302-301	Des dissensions intestines fournissent à Rome le prétexte d'une intervention à Arezzo.
295	Durant la troisième guerre samnite (298-291), union contre Rome des Samnites, des Étrusques, des Gaulois et des Ombriens. Victoire décisive des Romains sur les coalisés près de Sentinum, au nord de l'Ombrie.
284	Volsiniens et Gaulois réunis assiègent Arezzo, fidèle à l'alliance romaine. Défaite romaine sous les murs d'Arezzo.
283	Les Étrusques alliés aux Gaulois marchent contre Rome dans la vallée du Tibre. Ils sont défaits près du lac Vadimon.
280	Rome occupe le territoire maritime de Vulci, qui ne garde qu'une apparence d'autonomie.
273	Fondation de la colonie latine de Cosa.
265	Conflits politiques et sociaux à Volsinies. Rome intervient, prend et démantèle la ville.
264-241	Première guerre punique. L'Étrurie reste calme.
241	Destruction de Faléries par les Romains. Les grandes voies consulaires commencent à sillonner le sol étrusque.
225	Nouvelle phase d'agitation gauloise. Les Étrusques sont rangés maintenant du côté des Romains et avec eux infligent aux

Gaulois une terrible défaite près de Télamon (Talamone). Pénétration romaine dans la plaine du Pô.

218-201 Deuxième guerre punique: l'Étrurie souffre du passage des troupes d'Hannibal, mais demeure calme.

205 Contribution spontanée des cités étrusques à l'expédition africaine de Scipion.

91-88 Guerre sociale. Les Étrusques restent fidèles à Rome. La loi *Iulia* leur accorde en récompense le droit de cité romaine.

fin de 82 Sylla se fait nommer dictateur à vie. Les villes étrusques qui avaient pris parti pour Marius seront impitoyablement châtiées.

41-40 Pérouse, occupée par les Antoniens, est assiégée et incendiée par Octave.

Dans la subdivision administrative augustéenne, l'Étrurie constitue la septième région d'Italie.

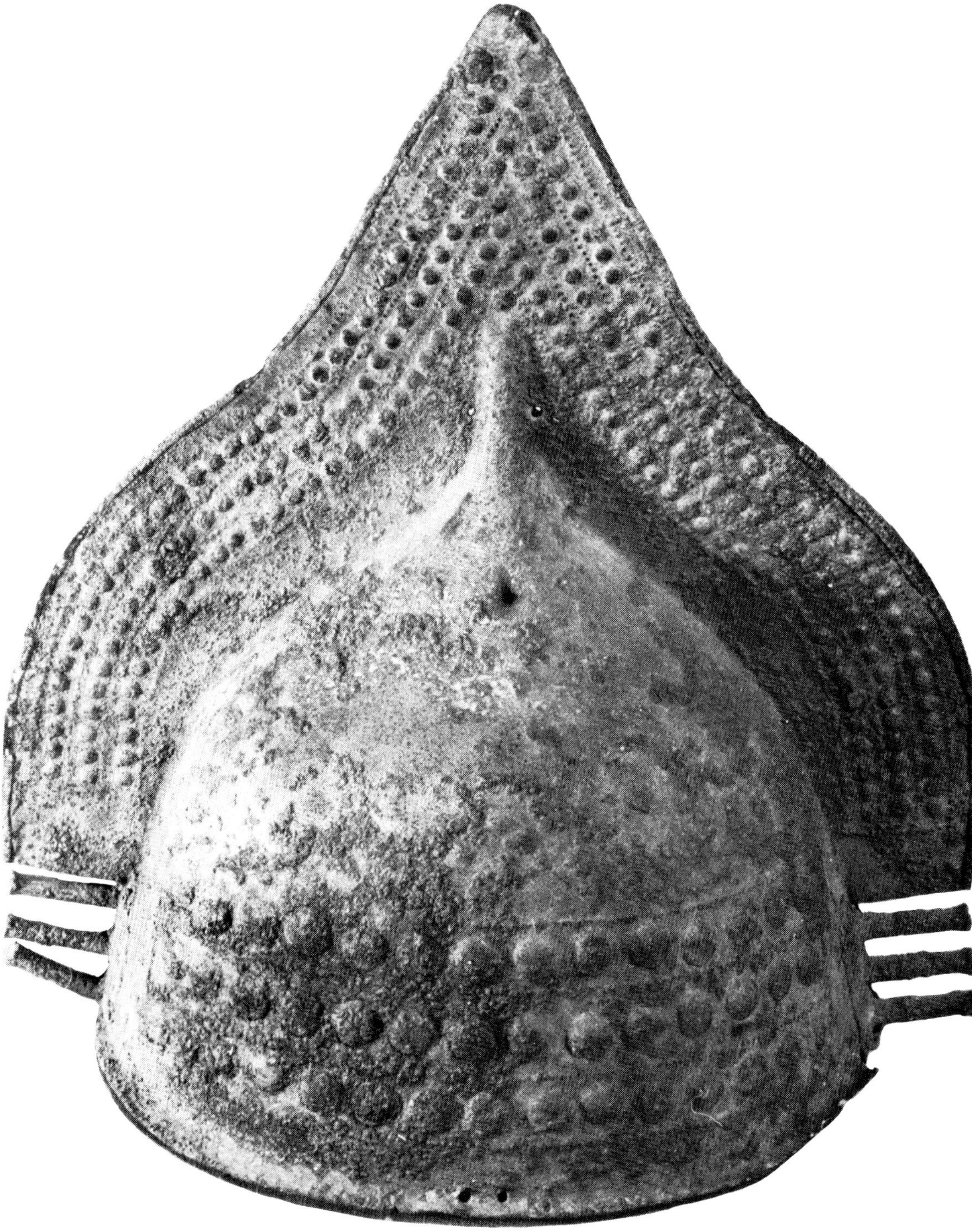

25. Casque villanovien

Bronze laminé — VIIIe siècle avant J.-C.
Bruxelles, Musées Royaux d'Art et d'Histoire.

La civilisation dite villanovienne est, par l'ampleur et la richesse de ses manifestations, l'une des plus remarquables du premier âge du fer italien. Comme il arrive souvent en archéologie, le nom dont on la désigne ne rappelle qu'une station typique, celle de Villanova, un petit village de la banlieue bolonaise qui au milieu du siècle dernier en révéla pour la première fois d'abondants vestiges. Depuis, les progrès de la recherche ont montré la présence villanovienne dans la plupart des endroits où se développeront plus tard les grands centres de l'empire étrusque, et de plus en plus l'on s'accorde à souligner l'absence de césure véritable entre cette culture de Villanova, qui couvre principalement les IXe et VIIIe siècles avant notre ère, et le VIIe siècle orientalisant qui voit les Étrusques faire avec éclat leur entrée dans l'histoire. La transition s'opère insensiblement, sans laisser de place à une intervention massive et bouleversante de facteurs ethniques nouveaux. Aussi, et même si la solution définitive du problème des origines villanoviennes n'émerge pas encore des brumes dont s'enveloppe, en Italie, le passage de l'âge du bronze à l'âge du fer, il paraît assez peu raisonnable, historiquement et archéologiquement, de traiter ces Villanoviens autrement qu'en «proto-étrusques».

Dans les premiers moments de son développement, la civilisation villanovienne est presque exclusivement incinérante. Les cendres du mort sont alors contenues dans un grand vase d'argile brunâtre, mal épurée, dont la forme caractéristique évoque sommairement deux troncs de cône réunis par la base. Cette urne «biconique» était déposée dans un puits creusé dans le sol, en même temps qu'un mobilier fort simple (un peu de vaisselle, des armes, quelques ornements personnels), qui progressivement s'enrichira.

Le vase cinéraire était pourvu d'une décoration incisée, faite de motifs élémentaires, essentiellement géométriques: des lignes parallèles ou brisées, des carrés, des triangles, des grecques... En guise de couvercle, il était surmonté d'une écuelle renversée, quand ce n'était pas du casque même du défunt dont il préservait les cendres, un casque en bronze ou seulement son imitation en terre cuite. On sait avec quelle facilité les formes et les proportions d'un vase peuvent évoquer celles du corps humain. Ne parle-t-on pas du col et des lèvres du vase, de sa panse, ou encore de son épaule, de ses oreilles? Cette suggestion corporelle, à laquelle manifestement visait cette silhouette biconique coiffée de son couvre-chef, traduit déjà, maladroitement encore, ce désir fervent de redonner forme et vie au disparu, qui trouvera dans les vases «canopes» de Chiusi son expression plastique accomplie.

Le musée du Cinquantenaire à Bruxelles expose un bel exemplaire de casque villanovien, qui vraisemblablement provient d'Étrurie méridionale. La calotte pointue et le large cimier qui la couronne sont décorés de pointillés et de bossettes de grosseurs diverses, exécutées au repoussé, qui semblent préfigurer la somptueuse granulation d'or des bijoux orientalisants. L'objet, en tout cas, témoigne de la perfection technique atteinte dès cette haute époque dans le travail du métal laminé.

26. *Vase cinéraire biconique villanovien de Vulci* (ROME, Musée National de la Villa Giulia).

27. Chariot zoomorphe à récipient d'époque villanovienne

Bronze — VIIIe siècle avant J.-C.
Bruxelles, Musées Royaux d'Art et d'Histoire.

La densité des vestiges villanoviens venus au jour autour de Bologne, dans la Toscane ou le Latium ne devrait pas nous porter cependant à confiner entre le Tibre et le Pô l'aire d'expansion de cette civilisation de Villanova. On a repéré d'importants noyaux villanoviens encore ailleurs et notamment dans la province de Salerne, au sud de Naples. C'est d'une tombe des environs de Salerne précisément que proviendrait le bronze curieux que voici. Un petit récipient monté sur quatre roues a reçu l'aspect hybride d'un oiseau quadrupède à long cou et tête cornue. Il est muni d'un couvercle de forme semblable et parallèle, mais où les cornes et l'appendice caudal sont brisés. Sur la tête de l'un et l'autre volatile sont perchés deux oiseaux plus petits, tandis que sur le dos de l'animal qui forme couvercle se promène un dernier oiseau, dont l'apparente placidité s'arme tout de même d'un bec inquiétant. De-ci de-là des anneaux paraissent avoir été prévus pour l'accrochage de pendeloques bizarres. Un semblant de harnais est suspendu aux cornes de l'«oiseau-vase». Le corps de ce dernier est creusé d'une cavité entourée de quelques très petits orifices. La correspondance de ceux-ci avec des trous identiques percés dans le couvercle rend assez plausible l'hypothèse qui tend à faire de ce petit bronze un brûle-parfum. La pièce ne mesure que vingt centimètres de long.

Le symbolisme de ce double oiseau quadrupède à tête bovine n'est rien moins qu'évident, et si le caractère religieux de l'objet ne semble guère douteux, l'on n'ose trop emboîter le pas à ceux qui y croient trouver le témoin de quelque culte d'une déesse-oiseau, qu'auraient connu, à l'époque, les Balkans, l'Europe centrale et l'Italie. Quoi qu'il en soit, l'œuvre confirme les progrès de la métallurgie artistique à l'âge du fer et montre une volonté d'enrichissement du répertoire décoratif, même si les éléments figuratifs qui viennent l'animer restent soumis à un linéarisme fort abstrait. On voit également naître ici ce goût particulier des formes composites et fantastiques, ce baroquisme qui deviendra l'une des composantes majeures de l'art étrusque.

28. Grand chaudron tiré d'une tombe de Vetulonia

Bronze — Vers le milieu du VIIe siècle avant J.-C.
Florence, Musée Archéologique.

Autour de l'an 700 apparaissent en Italie centrale, dans des sépultures fastueuses, les premières œuvres à décor oriental. A partir de là, pendant un peu plus d'un siècle, donc entre la phase géométrique villanovienne et le moment où il se mettra à l'école de l'archaïsme grec, l'art naissant de l'Étrurie va s'ouvrir à l'influence fécondante des civilisations précoces de l'Asie antérieure. Cette vogue «orientalisante» ne touche d'ailleurs pas que l'Étrurie, elle est universelle à l'époque: c'est le monde méditerranéen tout entier qui, aux VIIIe et VIIe siècles avant notre ère, cède au courant nouveau et se constitue un répertoire décoratif de motifs repris à l'Orient. A l'origine, évidemment, ne peut se trouver que la grandiose expansion économique et coloniale que Phéniciens et Grecs ont entreprise dans les mers méditerranéennes et qui a largement diffusé, dans les zones côtières principalement, des objets de luxe d'origine ou d'inspiration orientales. Vraisemblablement troqués contre des matières premières et notamment, en Étrurie, contre les métaux des riches centres miniers, ces produits exotiques n'ont pas tardé à faire naître dans les milieux aristocratiques des exigences artistiques nouvelles qui poussèrent les ateliers locaux à l'imitation.

C'est donc un bond sensible que réalise à cette époque l'art étrusque, qui des formes rudes de la culture villanovienne passe aux raffinements d'exécution et aux fantaisies décoratives des œuvres orientalisantes. Et pourtant la période orientalisante ne signifie pas en Étrurie une rupture dans la succession des cultures indigènes et ne fournit donc pas aux défenseurs de l'origine orientale des Étrusques le solide argument espéré en faveur d'une

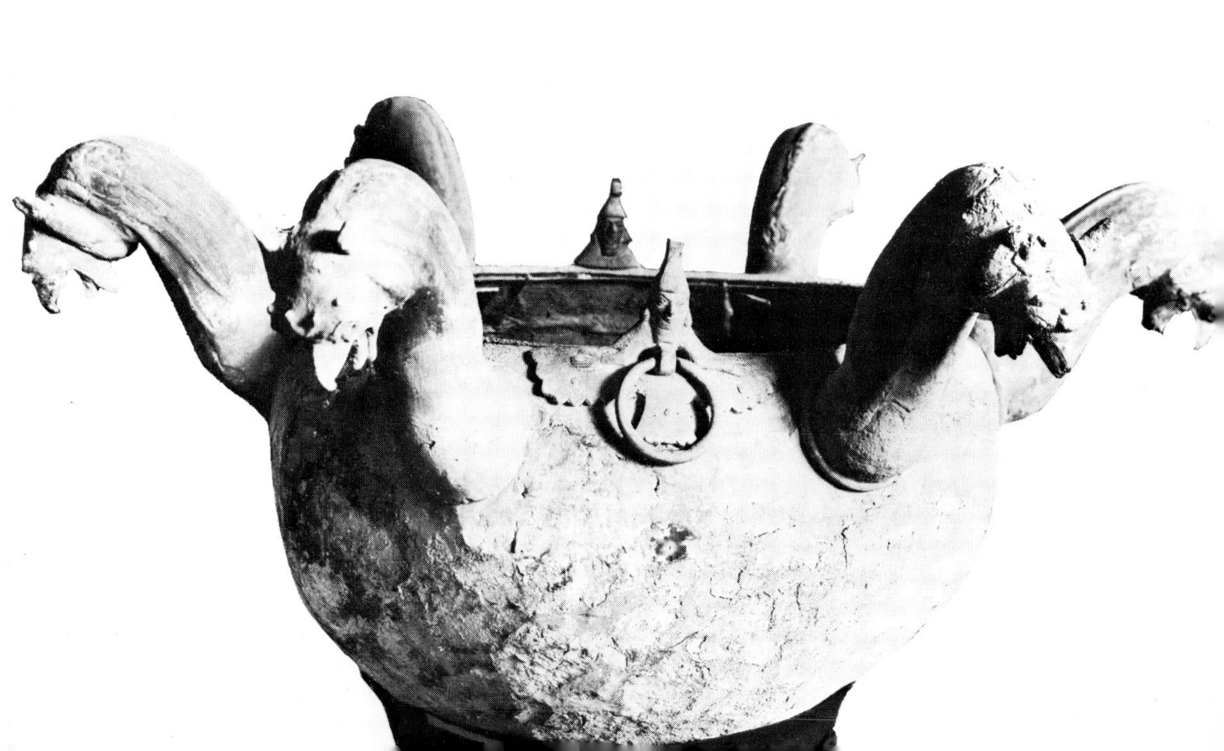

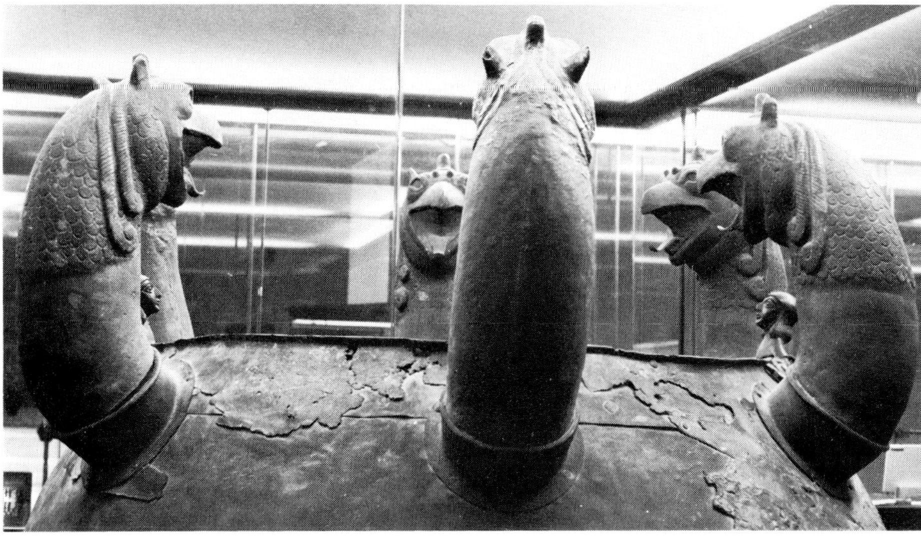

29. *Grand chaudron de bronze, sur pied, de la Tombe Bernardini de Préneste (VIIe s.)* (ROME, Musée National de la Villa Giulia).

transplantation massive d'éléments ethniques nouveaux. Comme en Grèce, où l'art, en dépit des sollicitations des modèles orientaux, a poursuivi un développement original selon des tendances propres , de même en Étrurie les manifestations orientalisantes n'ont pas étouffé les traditions décoratives et figuratives indigènes, ni fait obstacle non plus à la pénétration d'influences stylistiques proprement grecques. En fin de compte, les apports orientaux, même les plus durables, n'ont eu dans la formation de l'art étrusque qu'un rôle assez extérieur, qui confirme leur dépendance de facteurs économiques.

Les régions unies dans cette communauté de culture orientalisante, autour de la Méditerranée et au seuil de l'Asie, ont livré de nombreux exemplaires pareils au grand λέβης ou chaudron de métal, que nous présentons ici. Pour les pièces trouvées en Occident, il est généralement très difficile de déterminer avec certitude si elles y furent importées d'Asie ou fabriquées sur place. Peut-être même peut-on envisager la possibilité d'une présence en terre grecque ou italique de métallurgistes orientaux immigrés? La décoration de l'objet en tout cas est d'origine asiatique indiscutable. Sur l'épaule du récipient sont fixées six protomés de griffons dont la gueule agressive ne laisse pas de doute sur l'intention apotropaïque originelle. Entre eux, tout contre le bord, sont clouées deux appliques pour y passer les anneaux des anses. Elles représentent, ailes déployées, deux oiseaux à buste humain dont la tête à double visage barbu est d'inspiration assyrienne évidente. Ce motif dit de la «sirène» est très répandu notamment en Ourartou (Arménie). Mais si griffon et «sirène» sont incontestablement originaires d'Orient, leur association baroque sur un même objet l'est-elle également?

30. Agrafe de vêtement trouvée dans la Tombe Bernardini de Préneste (Palestrina)

Or — Fin du VIIe siècle avant J.-C.
Rome, Musée National de la Villa Giulia.

Les bijoux étrusques de la période orientalisante comptent parmi les plus beaux du monde. Riche des expériences du monde oriental, d'emblée l'artisan toscan a atteint dans le travail des métaux précieux au niveau technique le plus élevé et au goût le plus exquis.

Cette extraordinaire agrafe toute en or, faite pour retenir le vêtement sur l'épaule, ce n'est certes pas le poids du métal qui en fait le prix: elle n'a que dix-sept centimètres de long et les feuilles d'or qui en composent l'ornementation sont d'une minceur extrême. Mais l'orfèvre a tenu la gageure de loger sur ce rectangle étroit 131 figures animales minuscules et pourtant d'un modelé parfait! Emphase? exubérance baroque? Peut-être. Mais qui merveilleusement se prêtent aux jeux capricieux de l'ombre et de la lumière. Les proportions du bijou en outre restent harmonieuses et sa structure clairement définie par l'axe central et les deux bâtonnets cylindriques qui limitent les petits côtés. Sans renoncer totalement aux vertus du géométrique, la décoration développe essentiellement — mais avec quelle fantaisie et quelle virtuosité! — le thème de prédilection de l'art orientalisant: les animaux réels et fantastiques alignés en d'interminables théories. Voyons de plus près: neuf chimères sont couchées sur l'axe longitudinal, quatre vers la gauche, quatre vers la droite, celle du centre étant double; toutes tournent la tête en arrière. A partir de là et identiquement sur chaque moitié du joyau se succèdent trois rangs serrés de fauves et de monstres, perpendiculaires à la file des chimères: ce sont d'abord douze lions assis, puis devant eux douze autres lions debout, enfin en bordure même de l'agrafe, dans sa longueur, quinze sirènes alternant avec quatorze chimères assises. N'oublions pas les huit chevaux debout qui, de part et d'autre, font face à chacun des petits cylindres transversaux. Ces derniers se terminent à chaque bout par une tête de lion. Par-dessous l'un d'eux passent deux têtes humaines à visage double: c'étaient les têtes des épingles du fermoir.

Toutes ces figurines sont creuses: elles sont formées de feuilles d'or façonnées par estampage et assemblées en ronde-bosse. Mais le vrai tour de force était la mise en place de ces minuscules grains d'or que l'œil distingue à peine mais dont l'œuvre reçoit le plus subtil des parachèvements. Les orfèvres étrusques étaient passés maîtres dans cette difficile technique de la granulation et jouaient avec art des contrastes chromatiques qu'elle faisait naître, semant sur l'œuvre des centaines, des milliers de sphères d'or infimes pour y dessiner des motifs ornementaux sur les surfaces lisses, ou en préciser des détails. Inversement, on pouvait aussi réserver les figures dans un champ uniformément granulé. Et il faut bien avouer, en dépit de maintes hypothèses, qu'on ne s'explique pas encore parfaitement comment étaient obtenus ces granules aux contours impeccables et dont le diamètre pourtant ne dépasse pas le millimètre, qui parfois même se réduisent à une poussière microscopique. On s'interroge surtout sur la manière dont ils pouvaient être soudés entre eux et au fond à décorer.

31. *Fibule en or de Vetulonia (seconde moitié du VIIe s.) à long étrier et arc en sphinx, granulés «a pulviscolo»* (FLORENCE, Musée Archéologique).

Si c'est du côté de l'Orient très probablement qu'il faut chercher encore l'origine lointaine de cette technique de décoration, c'est l'Étrurie sans contredit qui en donna les plus somptueuses applications. Le procédé d'ailleurs a eu le sort de la puissance et de la richesse étrusques qu'il a accompagnées dans leur déclin, avant de se perdre définitivement au bas Empire.

32. Grande fibule «Corsini» de Marsiliana d'Albegna

Or — Fin du VIIe siècle avant J.-C.
Florence, Musée Archéologique.

Les mêmes techniques appliquées avec une égale maîtrise ont produit cet autre chef-d'œuvre de l'orfèvrerie étrusque, cette grande fibule ou longue épingle de sûreté de seize centimètres qui fut trouvée au nord-ouest de Vulci dans une nécropole de Marsiliana. L'arc et l'étrier, décorés de motifs géométriques, sont surmontés de petits globes et de canetons qui côte à côte, pleins d'insouciance, se jettent droit sur deux lions ou bien défilent à la queue leu leu en se dandinant comiquement.

En filigrane des exigences de luxe auxquelles répondaient ces parures étincellantes c'est toute la puissance des classes dirigeantes et de la haute société étrusques des VIIe et VIe siècles que l'on surprend.

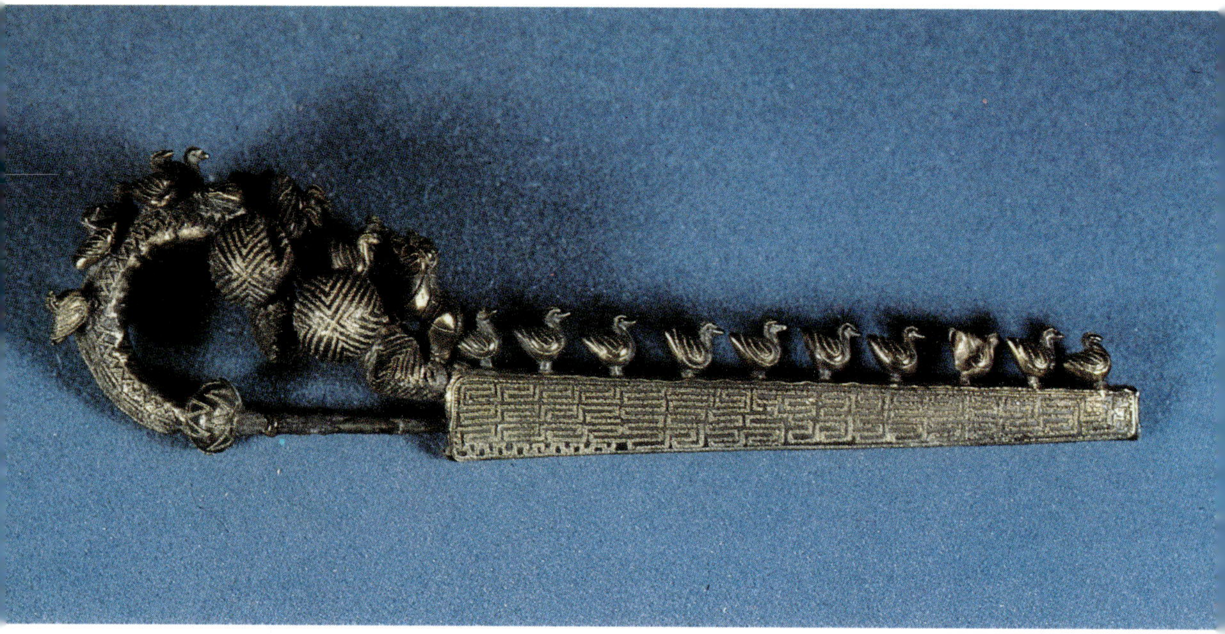

33-34. **Pyxide de la Pania (Chiusi)**

Ivoire — Fin du VIIe siècle-début du VIe avant J.-C.
Florence, Musée Archéologique.

L'ivoire fut recherché dès la plus haute antiquité tant pour sa valeur intrinsèque que pour les possibilités artistiques qu'il offrait. Dans cette technique délicate de l'ivoire sculpté, comme en orfèvrerie, c'est aux temps archaïques que l'artisanat d'art étrusque a brillé du plus vif éclat, avouant

avec franchise sa dépendance de prototypes orientaux et plus directement de l'activité des centres ivoiriers syro-palestiniens et chypriotes, où se brassaient les traditions multiples des cultures de l'Asie occidentale et qui, par le jeu du commerce ou de la conquête, diffusaient largement leurs produits sur les marchés du bassin méditerranéen. Sans doute peut-on croire même que des ivoiriers levantins vinrent s'établir jusqu'en Italie initiant les artistes locaux au difficile travail de l'ivoire. Des ateliers étrusques, en tout cas, sortirent bientôt des œuvres de goût orientalisant, au dessin naïf encore mais d'une incontestable finesse, comme cette précieuse pyxide ou boîte cylindrique, creusée dans une défense d'éléphant et qui fut découverte à proximité de Chiusi. L'objet est haut d'une vingtaine de centimètres. Ciselée en relief, la décoration, voisine de celle des vases contemporains, y est répartie en neuf registres parallèles superposés. Deux frises de fleurs de lotus à longues tiges onduleuses longent les bords supérieur et inférieur du coffret. Entre elles se développent quatre zones figurées que séparent les unes des autres des bandeaux plus étroits d'entrelacs ou de végétaux stylisés. Dans les deux zones inférieures se presse l'exubérante imagerie orientalisante essentiellement composée de files d'animaux, reels et fabuleux, passant au milieu d'un décor végétal fortement stylisé. L'élément humain par contre prend la place prépondérante dans les premier et deuxième registres. Ce sont ici des femmes aux longues tresses assistant à un défilé de guerriers en armes, ou là, dans la bande supérieure, une tentative d'illustration de l'épisode homérique bien connu d'Ulysse et ses compagnons fuyant de l'antre du Cyclope vers le vaisseau où déjà un rameur se tient prêt. Peut-être assistons-nous ici, sous l'influence déjà de l'Ionie, à un premier effort pour se dégager d'un répertoire orientalisant trop uniformément décoratif?

35. *Manche d'ivoire en forme de bras provenant de la Tombe Barberini de Préneste (milieu du VIIe s.)* (ROME, Musée National de la Villa Giulia).

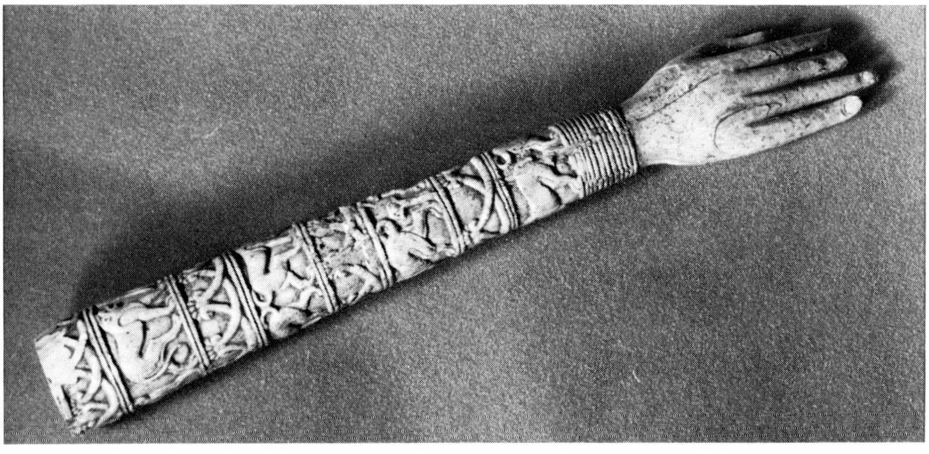

36-37. Couloir d'accès et antichambre de la tombe à tumulus dite «La Montagnola» à Quinto Fiorentino

VIIe siècle avant J.-C.

La fouille encore assez récente, sur le territoire de l'antique Fiesole, d'un sépulcre monumental d'époque «orientalisante» a rappelé opportunément que l'on ne saurait limiter aux régions méridionales et côtières de l'Étrurie le brillant épanouissement artistique dont les contacts avec l'Orient furent le ferment. Il y a quelques années, en effet, à cinq kilomètres à peine au nord de Florence, l'exploration d'un tumulus artificiel révélait la présence d'un imposant ensemble funéraire réunissant trois tombes à chambre, hélas! toutes violées déjà et depuis l'Antiquité! De leur mobilier, les pillages répétés n'avaient laissé qu'autant qu'il fallait pour en mesurer la richesse! Mais la construction demeure intacte, et le soin qui y fut apporté, l'audace dont elle témoigne, l'unité et la rigueur de son plan valent bien qu'on s'y arrête un instant.

Un long couloir, ou *dromos*, non couvert, auquel on accédait par quelques marches, conduit à l'entrée de la tombe; il s'étire sur quatorze mètres, entre deux pesantes murailles qui graduellement s'élèvent jusqu'à plus de cinq mètres. Ces murs parallèles sont faits de gros blocs de pierre, laissés bruts ou sommairement dégrossis, et superposés à sec en assises qui tendent à l'horizontalité et où des pierres plus petites viennent combler les interstices. La porte d'entrée, robustement formée de trois éléments monolithes, introduit dans un *dromos* interne, une antichambre, si l'on préfère, construite dans le même appareil «cyclopéen» que les murs extérieurs mais avec des blocs plus énormes encore, et sur laquelle s'ouvrent les trois chambres funéraires. D'abord on rencontre à droite et à gauche deux chambres rectangulaires parfaitement symétriques. Elles sont couvertes d'une fausse voûte, comme l'antichambre, c'est-à-dire de deux versants dont les assises, disposées en encorbellement, réduisent progressivement le vide jusqu'à leur convergence sous des dalles de fermeture posées à plat. Au fond de l'antichambre, passant sous une voûte «ogivale», faite de longues pierres très régulièrement taillées et

agencées cette fois, on découvre la chambre funéraire principale. C'est une impressionnante construction circulaire à fausse coupole, une *tholos* donc, de plus de cinq mètres de diamètre et d'une hauteur égale. La coupole est édifiée en encorbellement à partir d'un tambour de base. Un pilier central, qui était revêtu de stuc et auquel semblent avoir été accrochés divers objets, sert de soutien aux anneaux de fermeture.

Ces premières expériences d'architecture monumentale, qui en dépit d'une technique rudimentaire encore et par-delà les siècles reportent invinciblement au monde prestigieux de Mycènes ou à l'Orient, mettent bien en lumière la richesse et la puissance des familles dirigeantes de l'Étrurie du VIIe siècle et l'intérêt primordial qu'elles voulaient accorder à l'édification et à l'aménagement de la maison du défunt.

38. Cruche d'Étrurie méridionale

Bucchero noir — Seconde moitié du VIIe siècle avant J.-C.
Bruxelles, Musées Royaux d'Art et d'Histoire.

Que l'art du potier ne soit pas celui où le génie étrusque s'est manifesté avec le plus d'éclat, qui songerait à en disconvenir? Et pourtant du milieu du VIIe siècle au début du Ve environ l'Étrurie a réussi à produire abondamment, à exporter même dans le monde une céramique d'un noir brillant vraiment typique dite *bucchero*, dont les formes et le décor sont d'emprunt sans doute, mais dont la fabrication semble lui appartenir en propre et constituer un des traits les plus originaux de sa civilisation. Ce nom bizarre de *bucchero* dérive d'un terme espagnol qui désignait une poterie sud-américaine en terre odorante et colorée, très en vogue en Italie à la fin du XVIIIe siècle, au moment à peu près où les nécropoles toscanes commençaient à révéler la prodigieuse abondance de leurs trésors de céramique.

Les «*buccheri*» sont des vases façonnés au tour, quelquefois gris, mais plus généralement noirs, et alors noirs totalement, dans la pâte comme en surface, n'ayant pour décor que des incisions ou des reliefs, sans peinture. Souvent ils ont gardé encore assez de lustre pour évoquer la vaisselle de métal, que l'on semble effectivement avoir cherché à imiter. On a dit de cette céramique indigène qu'elle n'était en somme que le résultat d'un perfectionnement des techniques préhistoriques, et c'est vrai sans doute. Les argiles désormais sont mieux épurées, le tour est manié avec maîtrise, la forme dessinée avec élégance et la cuisson parfaite. Il reste cependant que l'Étrurie archaïque ne nous a pas encore laissé savoir avec certitude comment elle obtenait cette belle terre cuite noire. Était-ce par addition à l'argile de diverses substances minérales? ou par un procédé spécial de cuisson? ou de fumigation? La question est toujours discutée.

Dans les débuts, le *bucchero* sort surtout d'ateliers méridionaux, et cette production se distingue par la sobriété de son décor et plus encore par la finesse suprême des parois de terre cuite. C'est le *bucchero sottile*, comme disent les archéologues italiens. Plus tard, au VIe siècle, le vase se surcharge d'une décoration complexe en relief prononcé, voire en ronde-bosse, ce qui entraîne un épaississement graduel des parois et un alourdissement général des formes: on parle cette fois de *bucchero pesante*, dont l'industrie s'est déplacée vers l'intérieur, autour de Chiusi principalement.

40. *Œnochoé de Chiusi en «bucchero pesante» et à tête de taureau (seconde moitié du VIe s.) ; sur la panse, motif répété représentant Hercule et le taureau crétois*

(FLORENCE, Musée Archéologique).

39. *Petit «skyphos» en «bucchero sottile» avec restes d'argenture (vers le milieu du VIIe s.) provenant de la Tombe Regolini-Galassi de Cerveteri*

(VATICAN, Musée Grégorien Étrusque).

D'un noir égal et brillant, ce très beau broc du Cinquantenaire nous fournit un parfait exemple de *bucchero* léger. Sa décoration gravée est remarquable de mesure. La base du col porte simplement, en alternance, des triangles incisés et des éventails ouverts ponctués à la roulette, tandis que par-dessous une zone d'animaux dans le goût orientalisant réunit tout autour de la panse un cerf à grandes ramures devant une fleur de lotus, un taureau, et deux lions aux lignes souples qui se rencontrent avec chacun encore une jambe humaine dans la gueule. La verve et la spontanéité du potier, sa fantaisie «animiste», son goût de la ligne svelte et stylisée ont transformé l'humble ustensile en expression d'art, en abaissant la panse, en allongeant le col, en modelant en tête de lion l'embouchure, sans rien perdre pour autant de l'élégance de contours propre à l'œnochoé.

41. Amphore à figures noires

Céramique peinte — Vers 540 avant J.-C.?
Bruxelles, Musées Royaux d'Art et d'Histoire.

La céramique peinte évidemment réjouit davantage le regard que le *bucchero* sévère. Mais s'il est dans ce domaine un titre de gloire que peut revendiquer l'Étrurie, c'est avant tout d'avoir tant apprécié les créations de l'Hellade qu'elle nous a conservé, dans ses tombes, la majeure partie des vases grecs dont s'enorgueillissent aujourd'hui nos musées. Car les vases peints produits par les ateliers étrusques eux-mêmes, à l'imitation de cette céramique étrangère importée, sont toujours restés bien en deçà de leurs merveilleux modèles. Bien sûr, il est aussi parmi eux des réussites. Par exemple, cette série de vases d'inspiration ionienne, faits en Étrurie méridionale mais dits «pontiques», parce qu'autrefois on les croyait originaires des rives de la mer Noire ou Pont-Euxin, et dont l'amphore du Cinquantenaire offre un bel exemple. Sur un fond jaune-brun, des figures noires, avec des rehauts blancs

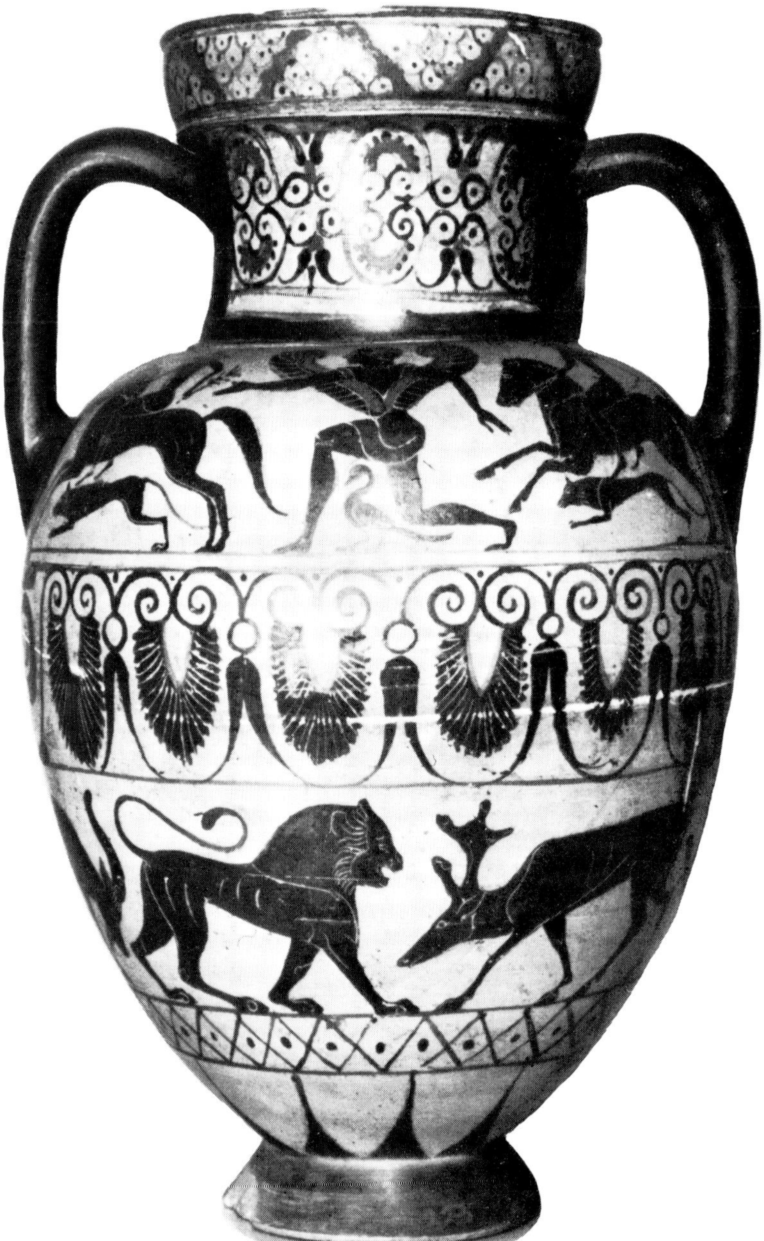

et rouges, sont réparties en longues frises superposées. Le milieu de la panse est occupé par une chaîne de palmettes et de lotus alternés, suspendus à des volutes. Ce motif, qui est apparenté à celui qui décore le col, surmonte une zone d'animaux où l'on aperçoit un lion et un cerf affrontés. Au-dessus, sur l'épaule, est raconté un mythe obscur dont le héros, qui étale avec complaisance ses belles ailes recourbées, court — car c'est bien ce qu'a voulu signifier le peintre en lui faisant mettre genou en terre — entre deux cavaliers au galop. Le vide faisant horreur, on a placé naïvement un chien sous chaque cheval et un oiseau entre les jambes du personnage central.

Par delà les restaurations malencontreuses du vase, qui heurtent trop brutalement l'œil, l'effet décoratif obtenu est indéniable. Mais combien la lourdeur, le relâchement du style et du dessin nous laissent loin de la sublime pureté des œuvres grecques !

42. Canope sur trône provenant de Dolciano (Chiusi)

Bronze laminé et tête en terre cuite — Fin du VIIe siècle avant J.-C.
Chiusi, Musée National Étrusque.

43. Autre canope de Chiusi

Terre cuite — Vers le milieu du VIe siècle avant J.-C.
Bruxelles, Musées Royaux d'Art et d'Histoire.

La cité de Chiusi, à l'inverse de tant d'autres régions d'Étrurie, s'est révélée tout au long de son histoire une adepte obstinée du rite crématoire, et, dans les premières formes de son art funéraire, elle semble bien reprendre l'héritage de la civilisation de Villanova. Elle a, en tout cas, donné à la tentative d'anthropomorphisation qu'on sentait poindre dans l'urne biconique villanovienne un développement plastique extrêmement caractéristique: d'abord, en suspendant au récipient cinéraire un masque du mort ou en figurant grossièrement sur le couvercle ou le col du vase les traits d'un visage

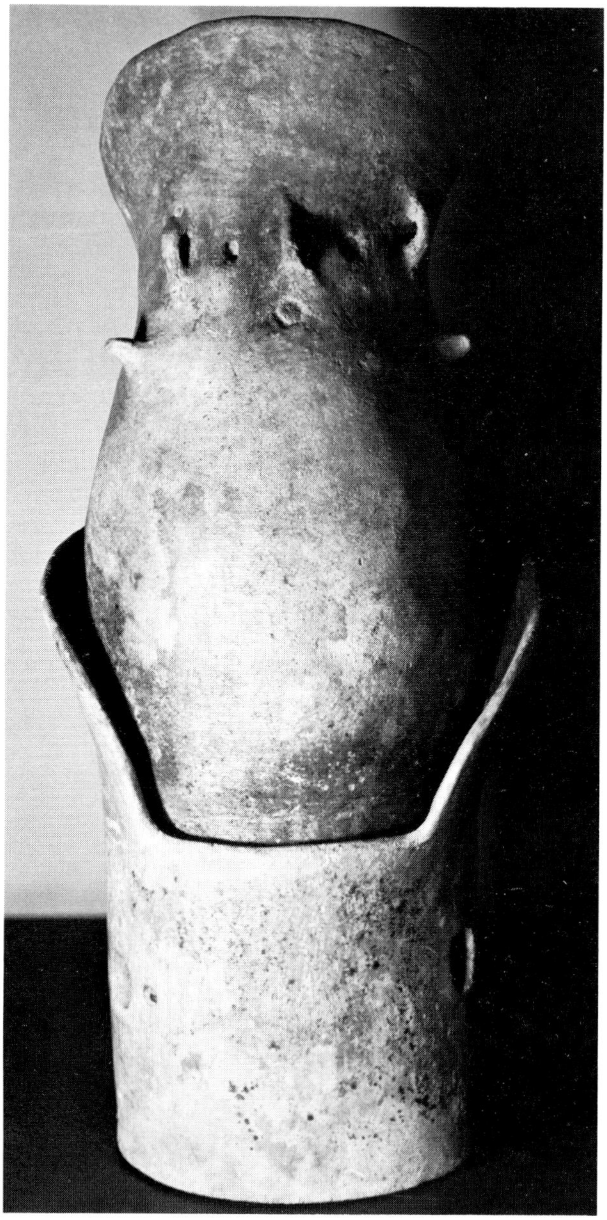

44. *Canope de Bisenzio, sur le lac de Bolsena (fin VIIIe-début VIIe s.)*

(ROME, Musée National de la Villa Giulia).

schématisé; ensuite, en donnant apparence humaine à toute l'urne. Bientôt, en effet, les artisans de Chiusi aboutissent aux œuvres accomplies qu'illustrent fort bien les exemplaires de Chiusi (n° 42) et de Bruxelles (n° 43). Le couvercle, cette fois, est entièrement modelé en tête humaine, dont le front bas sous le rang de boucles de la chevelure, les grands yeux avec le détail des cils et sourcils, la moustache et la barbe éventuelles incisées et peintes, le nez fort entre les pommettes saillantes stylisent l'expression physionomique. Les bras sont suggérés par les anses, ou bien les avant-bras sont figurés au naturel et, passés dans l'ouverture des anses, ils sont mobiles comme l'est la tête elle-même.

L'analogie des canopes égyptiens a fait désigner les urnes de ce type du nom de «canopes» également. Le rapport ne va cependant pas au-delà de la forme, puisque, en Égypte, les canopes étaient quatre vases contenant les viscères de la momie et voués aux quatre fils d'Horus, dont ils reproduisaient les traits sur leurs couvercles.

Fréquemment, le canope étrusque était intronisé sur un siège d'apparat à ses dimensions, en bronze ou en terre cuite, à dossier évasé et arrondi. L'ensemble, accompagné des objets votifs mis à la disposition du mort, était déposé d'habitude dans une grande jarre, qu'on enfouissait alors dans un trou profond. Le défunt, sauvé de la destruction par l'incinération et réincorporé par le vase anthropomorphe, survit donc dans l'au-delà, et glorieusement. Il survit aussi dans toute son individualité: car il n'est guère douteux que les vases canopes étrusques doivent être comptés au nombre des premiers témoignages de ce réalisme si essentiel à l'art étrusco-romain.

45. Statue de lion rugissant de Vulci

Pierre (*nenfro*) — Vers 560-550 avant J.-C.
Florence, Musée Archéologique.

Le lion est, à l'époque archaïque, un des sujets de prédilection de l'art étrusque, de la sculpture en particulier. Bien sûr, le motif ne part pas de l'observation directe de la nature. L'Étrurie a repris, à l'Orient très probablement, un thème qui la séduisait et, faute de le parfaitement comprendre, elle a procédé à des interprétations et poussé la stylisation à la limite, sans égard pour une réalité que la faune locale n'imposait pas à ses yeux. Il n'empêche que, pour irréel qu'il soit, le fauve que voici n'en a pas moins puissante allure. Debout, dressant sa grosse tête aux yeux globuleux, il ouvre tout grand une gueule trop lourde et trop ronde, mais bien inquiétante. Les galbes sont parfaits; les surfaces, simplifiées à l'extrême, sont remarquablement polies.

On sent l'artisan en pleine possession de ses moyens techniques, malgré l'utilisation d'un matériau poreux et impur, le *nenfro*, pierre volcanique grisâtre, parfois violacée, propre à l'Étrurie méridionale.

Cette statue participait à la décoration d'une tombe de Vulci, qui fut, à partir du milieu du VIe siècle, l'une des plus grandes métropoles d'Étrurie et dont les vastes cimetières se sont révélés d'une prodigieuse richesse. Hélas! l'appétit de lucre des «fouilleurs» du siècle dernier a ici saccagé le legs du passé bien plus que le temps, détruisant et confondant sans vergogne les données indispensables à la science. A cette chasse aux trésors, capable de tous les vandalismes, s'est illustré particulièrement Lucien Bonaparte, le frère de l'Empereur, et son épouse. Lucien était prince de Canino, à deux pas de Vulci, et propriétaire d'une très grande partie des terrains de la nécropole. Une trouvaille fortuite ayant attiré l'attention sur la richesse archéologique de la zone, la «prospection» commença. Dans quel esprit? Écoutons donc D.H. Lawrence, l'auteur fameux de *L'Amant de lady Chatterley*, qui reprend le récit de son compatriote G. Dennis, voyageur et humaniste du siècle passé: *«Lucien Bonaparte ... fit surveiller les fouilles et donna l'ordre que tout fragment de peinture fût mis à l'abri mais que les poteries grossières fussent brisées pour ne pas faire baisser le marché. L'œuvre de dévastation se poursuivit sauvagement. On récoltait des paniers pleins de vases et de débris de poteries, et la poterie noire, plus ordinaire, fut brisée aussitôt découverte, le contremaître surveillant les ouvriers, l'arme au poing. Dennis rapporte que ceci se passait encore en 1846 après la mort de Lucien. La Princesse surveillait les travaux, et c'est en vain que Dennis supplia qu'on lui accordât quelques poteries noires. Pas une ne fut épargnée. Brisées aussitôt découvertes, et le contremaître, les mains croisées sur son fusil, prêt à tirer.*

*Mais les vases peints étaient habilement recomposés pour la Princesse par ses ouvriers spécialistes, et elle vendait une amphore ou une patère plus de mille couronnes. Les tombes furent ouvertes, pillées, puis de nouveau remplies de terre. Tous les propriétaires de la région pratiquaient des fouilles et d'innombrables trésors furent exhumés. Au bout de deux mois, Lucien Bonaparte avait sorti de quelques arpents de terre, plus de deux mille objets. Que les Étrusques aient fait la fortune des Bonaparte semble assez ironique, mais c'est ainsi.»**

46. Peinture murale de la Tombe des Taureaux à Tarquinia

Vers 540 avant J.-C.

Dans l'histoire de l'art de l'Antiquité, la peinture étrusque occupe un rang exceptionnel, qui tient sans doute, autant qu'à ses qualités propres, à la perte quasi totale de la grande peinture grecque des temps archaïques et classiques. Si l'Étrurie a pu arracher, elle, au naufrage qui a englouti presque

* *Etruscan Places*. Trad. Th. Aubray.

entièrement la peinture antique tant d'œuvres de choix, c'est à leur caractère essentiellement funéraire qu'elle le doit. Préservées dans l'ombre des demeures souterraines dont elles ornaient les chambres, ces compositions constituent aujourd'hui pour nous l'unique chaînon valable entre la peinture égyptienne et celle de l'empire romain.

Le témoignage le plus riche sur cet art pictural, c'est à 100 km au nord de Rome que nous le trouverons, dans les hypogées de Tarquinia, qui fut un des centres politiques et culturels les plus rayonnants du monde étrusque, celui-là même dont la tradition faisait descendre à Rome son cinquième roi, Tarquin l'Ancien. Ici, la prospection archéologique moderne, si prodigieusement armée par la technique, vient en peu d'années de décupler les résultats obtenus par toute la recherche du passé. Autour du site antique de la ville, sur les hauteurs où elle étalait ses nécropoles, plusieurs milliers de tombes de types divers ont été repérées, dont une centaine environ sont décorées de peintures, généralement à fresque.

La tombe dite «des Taureaux» compte parmi les plus anciens de ces tombeaux peints. C'est elle aussi qui nous apporte l'unique exemple conservé, pour l'archaïsme, de peinture murale narrative à sujet mythologique. Sur le mur du fond de la première chambre de la tombe, l'artiste a représenté, en effet, un épisode fameux de la légende homérique de la guerre de Troie. Le jeune prince troyen Troïlos, fils de Priam, mollement juché sur un cheval à crinière raide, à longue queue et très haut sur pattes, va sans méfiance abreuver sa bête. Derrière un palmier à gros fruits, très stylisé, la fontaine est imaginée comme un haut monument polychrome surmonté de deux lions couchés, dont celui de droite crache dans une vasque un flot d'eau abondant. Bondissant de sa cachette derrière la fontaine, le «bouillant» Achille, le casque sur la tête, le geste agressif, s'apprête à tuer son ennemi.

Le style témoigne de l'influence ionienne profonde à laquelle, par le canal des rapports économiques avec les colonies grecques, l'ensemble de l'art étrusque est soumis, au milieu du VIe siècle. Mais le peintre a travaillé librement et spontanément, ses hésitations et repentirs nombreux en font foi. D'autre part l'exubérance de la scène, comme la recherche de pittoresque et la saveur naïve des motifs naturalistes par quoi elle s'exprime sont très caractéristiques du goût étrusque.

Au-dessus de la fresque, une courte inscription attribue à *Arath Spuriana* la fondation du tombeau.

47. *Vue d'ensemble de la Tombe des Taureaux.*

48. Orvieto

D'abord et longtemps, on a cru que la ville étrusque qui se cache sous l'Orvieto médiévale et moderne était la grande Volsinies, dont la destruction en 265 avant J.-C. est le dernier épisode tragique de la conquête par Rome de l'Étrurie. C'est en territoire volsinien que la tradition situait le *fanum Voltumnae*, le sanctuaire fameux du dieu Voltumna: chaque année, à l'occasion de grandes fêtes à caractère sacré et commercial, les rois d'abord, puis les chefs républicains des douze États-cités constituant la nation étrusque s'y réunissaient, sous la présidence de l'un d'eux, en une sorte de conseil supra-urbain ou fédéral. Plus tard, des fouilles françaises ont porté à penser que c'était avec Bolsena, qui d'ailleurs en a hérité le nom, que devait être identifiée plutôt Volsinies. Aujourd'hui, si l'on admet généralement que c'est près de l'actuelle Bolsena que Rome fonda *Volsinii novi* pour y déporter les

survivants étrusques de 265, on discute toujours sur l'emplacement exact de la grande *Volsinii veteres*.

Quoi qu'il en soit, l'abondance des trouvailles archéologiques révèle, sur le plateau orviétan, la présence d'une agglomération de première importance, particulièrement florissante entre le VIe et le IVe siècle avant notre ère, mais sur l'identité de laquelle, par un singulier caprice, l'histoire a refusé de nous éclairer. C'est chez des auteurs du haut Moyen Âge que la ville est mentionnée pour la première fois, mais sous une dénomination latine qui n'apprend rien: c'est «la vieille ville», *Urbs vetus*, étymologie d'Orvieto.

A l'instar de la plupart des grandes villes toscanes, l'Orvieto étrusque avait choisi pour s'établir un de ces sites imprenables comme sait en créer la nature, idéalement implanté de surcroît au cœur même de l'Étrurie, au carrefour des routes du Nord et du Sud. Et du sommet de ce piton de tuf rougeâtre, à l'abri de ses versants abrupts, elle surveillait superbement la plaine fertile où la Paglia et la Chiana confluent avec le Tibre. La position était trop avantageuse pour être abandonnée: la vie ne s'est pas arrêtée sur ce rocher, Orvieto n'est pas une ville morte.

49. Une tombe de la nécropole septentrionale d'Orvieto

VIe siècle avant J.-C.?

Au pied de la roche, de vastes nécropoles, dont la fouille n'est pas achevée encore, environnent la cité. Sous la haute paroi septentrionale, s'étend l'une des principales, dite «*del Crocefisso del Tufo*», à cause d'un crucifix du XVIe siècle sculpté là dans le tuf et conservé dans une petite chapelle taillée dans le rocher, elle aussi. Ce cimetière fut en usage fort longtemps et comprend surtout de petites tombes cubiques, faites de gros blocs de tuf soigneusement équarris et posés à sec sous un couronnement sévère, qui est leur seule décoration. A l'intérieur, la chambre funéraire présente une couverture en fausse voûte. Elle était prévue pour plusieurs défunts, et incinérés et inhumés y trouvaient accueil simultanément, dans une promiscuité rituelle sans problème. Ces constructions étaient surmontées de petits tumulus de terre coiffés de cippes aux formes variées. Au-dessus de l'entrée, le linteau habituellement affiche une épitaphe à grandes lettres. Parfois n'y figure qu'un simple nom propre. Ici, on lit de droite à gauche *nem-*: c'est le nom — auquel il ne semble manquer qu'une seule lettre — de la famille propriétaire du tombeau.

Ces tombes ont été violées sans cesse au cours des temps, depuis l'Antiquité, et fouillées scandaleusement au siècle passé. Mais les saccageurs de toute espèce n'ont pu brouiller la clarté du plan voulu par les Étrusques pour cette cité de l'éternel repos. En effet, comme en certains secteurs de la nécropole de Cerveteri, comme dans la ville antique de Marzabotto, comme à Spina (nous en parlerons plus loin), les tombes du *Crocefisso del Tufo* sont ordonnées avec grande régularité, formant des îlots quadrangulaires que

50-51. *Deux quartiers de la nécropole du « Crocefisso del Tufo » à Orvieto.*

découpent des ruelles étroites qui se croisent à angle droit. Cette disposition d'allure moderne accentue peut-être encore la mélancolie et l'austérité du lieu. Austérité, qui ne messied pas à l'image qu'on garde de l'âpre Orvieto. N'est-ce pas là-haut, dans une chapelle du Dôme, qu'un peintre visionnaire, Luca Signorelli de Cortone, un Étrusque lui aussi, a raconté l'angoisse terrible des derniers jours du monde?

52. Tombe des Augures à Tarquinia: peinture pariétale avec scène de lutte

Vers 525 avant J.-C.

L'Étrusque a foi profonde en la survie de ses défunts. Sans cette croyance fondamentale, on comprendrait bien mal, en vérité, le soin fervent apporté à l'ornementation des chambres sépulcrales et l'art consommé qui s'y déploie. Car si la peinture des tombeaux devait, comme eux, être enfouie définitivement sous terre et donc demeurer invisible, on ne peut logiquement admettre qu'elle ait répondu à des intentions simplement décoratives ou commémoratives. Mais ces représentations invisibles aux vivants ne l'étaient assurément pas au mort qui, dans son nouveau domaine, prolonge son existence terrestre. N'est-ce pas pour donner à l'incinéré ou à l'inhumé les moyens matériels d'assumer cette vie nouvelle que vivres et objets familiers sont mis à sa disposition dans la tombe? La même pensée religieuse est à l'origine aussi du répertoire des sujets peints: sujets réalistes visant à recomposer autour du défunt l'ambiance de sa vie passée (chasse, pêche etc.) ou à renouveler périodiquement dans l'éternité de la tombe, par la vertu magique de l'image, l'efficacité surhumanisante de certains rites qui accompagnent les obsèques (banquet, concert et danse, lutte et jeux...). Ainsi encore s'explique l'architecture feinte donnée à ce qui n'est conçu que comme une maison, mais éternelle cette fois. Incontestablement cette fonction rituelle de la peinture des tombeaux étrusques la rapproche de l'art funéraire de l'ancien Orient.

Cette volonté de recréer par l'image la pleine réalité d'un rite qui fut accompli en l'honneur du défunt, où la percevrait-on mieux que dans l'extraordinaire présence de ces deux lutteurs, de ces corps massifs et trapus, tout en muscles, arc-boutés l'un contre l'autre de tout leur poids, dans un débordement de vitalité et de puissance animales? Ils s'empoignent sans complaisance, leurs crânes se touchent presque. Et voyez comme ils ont l'un et l'autre la tête ronde et lourde, le front fuyant, le poil de jais, l'œil vif, le nez fort et la lèvre charnue, pour tout dire comme ils ont un profil oriental indéniable. Une fois de plus, l'influence du dessin ionien est ici évidente.

Entre eux apparaît une pile de trois bassines métalliques qui doivent constituer le prix de la compétition. A gauche du groupe, enveloppé dans un manteau sombre, le bras haut tendu, un arbitre surveille la régularité des prises. Il tient dans la main droite le *lituus* ou bâton à bout recourbé qui est l'insigne de ses fonctions. Mais c'est aussi l'attribut augural, et comme deux oiseaux occupent le champ au-dessus des colosses, on a pris autrefois ce personnage et son confrère, qui le suit sur la paroi, pour des augures tirant de l'observation du vol des oiseaux l'interprétation de l'avenir. De cette confusion est né le nom de la tombe.

53-54. Tombe des Augures à Tarquinia : le jeu de «Phersu»

Vers 525 avant J.-C.

A la suite immédiate du groupe des lutteurs, sur la même paroi de droite, un autre jeu funéraire, bien plus violent encore, met aux prises deux curieux individus. Les conditions du combat cette fois sont inégales. L'un des deux

adversaires et le plus pitoyable, qui ne porte pour seul vêtement qu'un pagne autour des reins, a la tête entièrement prise dans une enveloppe sphérique, qui semble faite de drap blanc. Il est armé d'une grosse massue dans la main droite, mais ne s'en défend pas moins fort mal contre les attaques d'un chien furieux, qui lui mord la jambe après lui avoir lacéré le corps, dont déjà dégoutte le sang. C'est qu'il ne combat pas seulement sans voir, il est encore empêtré tout entier dans la longue laisse de l'animal, que tient des deux mains le second personnage. Ce dernier a un accoutrement extraordinaire: très court vêtu, en effet, il a lui aussi la tête cachée mais sous un haut casque pointu, à frontal blanc couvert de rayures, et sous un masque de couleur foncée à longue barbe noire. Cette même figure est représentée à nouveau sur le mur opposé parmi d'autres, malheureusement fort détruites. Mais là elle fuit à toutes jambes, sans son chien, cherchant à se protéger d'adversaires que nous ne reconnaissons plus, si bien que nous devons supposer que s'est produit un renversement de situation qu'assurément les premières phases de ce duel sanglant ne permettaient guère d'imaginer. Dans les deux cas, une inscription désigne le personnage du nom de *phersu*. Or, ici les linguistes sont d'accord pour une fois: *phersu* correspond au latin *perso-na*, et, comme le savent encore les «forts en thème», le sens premier de *persona* n'est pas «personne», qu'on ne trouve qu'au terme d'un long développement, mais «masque de théâtre». *Phersu* a donc de bonnes chances d'être «le masque, l'homme masqué».

Les acteurs de ce jeu sanguinaire reparaissent encore dans d'autres fresques tarquiniennes. Et il est bien difficile de ne pas reconnaître ici déjà l'esprit et le principe des jeux cruels de l'amphithéâtre romain, même si l'on

55. *Restes d'une représentation du jeu de «Phersu» dans la Tombe des Olympiades (dernier quart du VIe s.) à Tarquinia.*

fait provenir ceux-ci d'Italie méridionale. D'ailleurs, les combats de gladiateurs, eux aussi, avaient à l'origine un caractère funéraire. Et, après tout, la Campanie fut province étrusque; et Tite-Live nous apprend qu'un des premiers actes de Tarquin l'Ancien, roi étrusque de Rome, fut de donner des grands jeux dont les protagonistes venaient presque tous de son pays.

L'intérêt majeur, peut-être, d'aussi stupéfiantes représentations réside dans les dons d'invention qu'elles impliquent chez leur auteur. L'artiste, en effet, bien que formellement sous la dépendance des traditions iconographiques gréco-orientales, a nécessairement, ici, dû reproduire directement une coutume spécifiquement locale, pour laquelle le répertoire grec ne lui offrait certainement aucun modèle préétabli.

56. *Mur du fond de la Tombe des Augures.*

Sur le mur du fond de ce petit tombeau, de part et d'autre d'une porte feinte, symbole incertain de la contiguïté de l'Hadès, deux figures hiératiques font le double geste de la douleur (main à la tête) et de la salutation solennelle (bras tendu, paume vers l'extérieur). Comme ailleurs, les dominantes chromatiques sont le blanc, le noir, le rouge-brun.

On aura remarqué entre-temps la fraîcheur des arbrisseaux à baies ou des plantes à clochettes qui décorent les fonds et la vie cocasse qu'y mettent tant d'oiseaux. Voyez donc celui qui marche à gauche du «masque» en fuite: n'a-t-il pas le jabot arrogant d'un volatile de *cartoon* américain?

57. Édicule sépulcral et sarcophages de la nécropole de San Cerbone (Populonia)

Seconde moitié du VIe siècle avant J.-C.

La position de Populonia au bord même de la mer Tyrrhénienne, sur un promontoire serré entre l'île d'Elbe et les Collines Métallifères, la prédestinait au double rôle de centre métallurgique et de port de commerce que l'histoire lui attribue. La cité fut donc un port du cuivre et de l'étain, avant de devenir l'un des ports du fer les plus actifs du monde antique; et l'archéologie a mis en lumière tout le bénéfice qu'elle tira d'échanges suivis avec l'Est méditerranéen. C'est vers la fin du IVe siècle qu'on semble avoir décidé de traiter à Populonia le minerai de fer extrait des mines de l'île d'Elbe. La zone extérieure au mur d'enceinte de la cité et où depuis le VIIe siècle s'étendait la nécropole fut transformée alors en une grande fonderie, qui eut trois siècles d'activité. Ce qui veut dire qu'on accepta durant trois siècles et apparemment sans beaucoup de scrupules que les scories de fer fussent évacuées sur le terrain environnant de la nécropole archaïque! Les tombes finirent ainsi par disparaître sous des terrils hauts parfois de plus de sept mètres! On imagine que beaucoup croulèrent sous le poids énorme de ces monceaux de déblais, le riche mobilier qu'elles pouvaient contenir étant anéanti du même coup, quand, bien sûr, il n'avait pas été pillé déjà par les ouvriers étrusques qui travaillaient aux fours!

Il est clair que, si remarquable qu'elle fût, cette industrie sidérurgique étrusque n'était pas techniquement en mesure d'extraire du minerai de fer la totalité du métal qu'il contenait, si bien que dans les scories on a pu trouver parfois jusqu'à cinquante ou soixante pour cent de fer encore. Durant la première guerre mondiale, le manque de fer attira l'attention des industriels sur ces tonnes de déchets inexploités. Diverses sociétés commencèrent dès lors à récupérer ces scories en vue d'une réutilisation. Ces travaux ne durèrent pas moins de quarante ans! Et sans doute les moyens mécaniques mis en œuvre portent-ils leur part de responsabilité dans l'endommagement des tombes, mais l'entreprise a permis d'autre part l'exploration et le dégagement complets de la nécropole archaïque. On eut notamment ainsi la révélation de petits tombeaux collectifs à chambre unique d'un type jusque là inconnu en Étrurie et dont notre planche fait voir l'exemplaire le mieux conservé. Ces «tombes à édicule» sont de véritables constructions aux murs faits de blocs de calcaire régulièrement taillés et avec un toit à double versant. De plan rectangulaire, elles évoquent de petits temples de style classique, certaines se chargeant même d'une décoration architectonique en terre cuite. Autour de l'«édicule», on distingue quelques tombes individuelles, de la même époque, dites «à sarcophage architectonique». Ce sont des sarcophages, en effet, posés sur le sol: la cuve est faite généralement d'un assemblage de quatre dalles et le couvercle d'une seule plaque de pierre ou de deux, qui sont adossées alors en toit à double pente. Somme toute, la «tombe à édicule» peut être regardée comme une amplification de cette dernière forme de sépulture.

58. Peinture murale de la Tombe des Lionnes à Tarquinia

Vers 520 avant J.-C.

Les deux «lionnes», dont cette tombe tire son nom,... pourraient bien n'être que des panthères! On les trouve au tympan que déterminent sur la paroi du fond les deux versants du toit, affrontées de part et d'autre du support fictif d'une poutre faîtière, feinte elle aussi. Sous ce motif d'évidente tradition orientalisante, court une frise d'une prodigieuse fraîcheur de coloris. Au centre, un énorme cratère, garni de lierre, s'offre au mélange de l'eau et du vin; la louche pend au mur. Il est flanqué d'un joueur de double flûte, en bleu, et d'un cithariste vêtu de blanc. Sur la gauche, une élégante danseuse, toute parée d'étoffes chatoyantes et coiffée du *tutulus* ou bonnet allongé de mode ionienne, exécute un pas compliqué. A droite, l'artiste a su saisir sur le vif un couple emporté par une cadence trépidante: l'homme danse nu, un cruchon à la main; la femme porte une tunique transparente, ourlée de rouge.

Un riche bandeau de palmettes et de fleurs de lotus sépare cette scène d'une haute plinthe, que rythme, par-dessus la surface ondulée des flots marins, un amusant ballet d'oiseaux et de dauphins, mais que troue assez brutalement la niche de l'urne cinéraire.

Vin, musique, danses endiablées évoquent irrésistiblement Dionysos. La panthère et le lierre, du reste, lui sont consacrés. Est-ce donc pour cela qu'émanerait de cette fête tant de verve exubérante, de dynamisme presque violent : parce qu'elle est placée peut-être sous le signe du Dionysos étrusque, de ce «dieu de la résurrection, principe de la vie et de la joie partout victorieuses, entraînant l'enthousiasme de ses fidèles à l'aventure du voyage vers l'inconnu»*?

* A. GRENIER, *Les religions étrusque et romaine*, p. 43.

59. Tombe des Lionnes à Tarquinia : un des convives du mur de droite

Vers 520 avant J.-C.

Musique, danse et banquet font partie du rituel funéraire. Les ébats qu'illustrait notre planche précédente animent un repas, dont les convives allongés sont représentés sur les parois latérales du tombeau. Ce sont quatre hommes, membres vraisemblablement de la famille du mort, dont la grande taille d'abord surprend, quand elle est comparée à celle des figures du fond. Mais, selon une convention familière aux arts primitifs de l'Orient méditerranéen, cette disproportion traduit le rang respectif des individus, et les histrions sont gens de basse condition.

Voici donc l'un de ces banqueteurs. Appuyé sur un gros coussin en tissu brodé, il tient une grande coupe dans une main et, de l'autre, tend ostensiblement un œuf, le symbole d'une vie nouvelle. Derrière lui, pendent à des crochets une couronne et une longue bande de laine, à caractère religieux également. Les cheveux blonds à longues nattes et aux frisures amusantes, les lèvres épaisses, les chairs grassouillettes, la pose nonchalante donnent au personnage une mollesse, une sensualité qui n'est pas exempte pourtant de quelque majesté.

Toute la cérémonie est censée se dérouler sous une sorte de portique. En effet, six hautes colonnes de type toscan, pourvues de chapiteaux polychromes, sont peintes dans les angles de la chambre et au centre de chacune de ses parois latérales, apportant la ligne verticale dans une composition qui par ailleurs souligne surtout les horizontales. Les éléments de charge cependant ne sont pas représentés et les versants du toit sont décorés non d'un poutrage fictif, mais d'un motif à grands carreaux blancs et brun-rouge.

Sur la plinthe, se poursuivent les cabrioles du ballet aquatique.

On aura remarqué la variété et l'intensité de la palette de l'artiste, qui a travaillé par teintes plates, sur de larges surfaces.

60. Nécropole de Cerveteri

En bordure de la mer Tyrrhénienne, à moins de 50 km au nord de Rome, Cerveteri fut, politiquement et commercialement, l'un des États-cités les plus puissants d'Étrurie. Le village actuel conserve le nom latin de la ville antique (Cerveteri: *Caere vetus*). Il ne couvre cependant qu'une portion minime de l'aire occupée par l'habitat urbain étrusque, dont l'importance est mise en pleine évidence par l'ampleur des nécropoles qui l'environnent complètement: impressionnants cimetières où, des temps préétrusques de l'âge du fer à l'époque impériale romaine, d'innombrables sépultures de tous les types se sont entassées dans une succession sans rupture.

A ce jour la mieux explorée et restaurée, la grande nécropole dite «della Banditaccia», qui s'étale sur une hauteur au nord-ouest du site urbain, est celle qui certainement offre au regard le spectacle le plus suggestif: sous l'azur si souvent impeccable du ciel méditerranéen, entre pins et cyprès, des centaines de renflements hémisphériques, couverts d'herbes vite brûlées, y ponctuent à perte de vue la campagne silencieuse. Ces *tumuli* monumentaux, qui furent élevés du VIIe au Ve siècle, englobent un ou plusieurs groupes de tombes. Chaque fois, la calotte de terre est assise sur un anneau de tuf, fait de blocs superposés ou taillé à même la roche et quelquefois élégamment mouluré, dont le diamètre peut dépasser les trente mètres.

Le terme «nécropole» a ici tout son sens. Nous sommes dans une véritable «cité des morts», où sans doute les premières tombes furent disséminées au hasard, mais dont bientôt, devant les nécessités de la viabilité, la topographie s'ordonna davantage, y dessinant ce réseau de chemins que l'on parcourt encore aujourd'hui. Les tombes se pressent, en effet, aux flancs d'une longue voie principale, de près de deux kilomètres, ou de ruelles secondaires et de petites places, assez régulièrement tracées, exactement comme, dans la ville des vivants, les maisons devaient border les rues réelles.

61. Sarcophage avec couple d'époux provenant de Cerveteri

Terre cuite — Dernier quart environ du VIe siècle avant J.-C.
Rome, Musée National de la Villa Giulia.

Ils méritent bien leur célébrité ces époux anonymes, dont, comme on l'a dit joliment*, «l'attitude à la fois digne et familière, la protection affectueuse du mari, la tendre confiance de la femme, expriment le bonheur conjugal dans ce qu'il a de plus universel».

En coroplastie l'Étrusque a réussi assurément à s'exprimer avec une fraîcheur et une spontanéité suprêmes, et ce chef-d'œuvre de goût et de technique, patiemment restauré à partir des innombrables fragments découverts, en est un vivant témoignage. La cuve du sarcophage est modelée en lit de table, avec un épais matelas et des couvertures, dont restent dégagés les pieds du meuble, audacieusement découpés et peints encore, comme devaient l'être les pieds de bois du lit réel. Le couvercle est formé — avec un passage hardi du plan horizontal à la verticalité et à la ronde-bosse — des corps allongés d'un couple d'époux accoudés sur des coussins, réunis dans la solennelle quiétude du banquet éternel, comme ils l'avaient été dans leur humaine aventure. Produit d'artisanat — puisque le Louvre en possède un autre exemplaire, plus terne, mais typologiquement identique —, l'œuvre pourtant surprend à chaque vision par la grâce exquise du geste, par le raffinement de la mise, par l'intensité d'expression qui émane de ces yeux en amande, de ce sourire mutin, de ces profils aigus et finement aristocratiques.

Femme et mari ont les cheveux nattés en longues tresses roulées, coquettement étalées. Elle, selon le goût du temps, porte des souliers lacés, à pointes recourbées, et sur la tête le *tutulus* ou haut bonnet arrondi d'origine ionienne. D'ailleurs, où donc, dans cette œuvre, ne se manifeste pas en plein l'influence de l'archaïsme ionien? Et comment s'étonner du fait, quand on sait les rapports étroits que la Cerveteri archaïque entretenait avec le monde grec? Mais c'est en Étrurie cependant, et non en Grèce, que la femme se trouvait librement associée aux plaisirs et aux droits du mari, si bien que le thème même de l'œuvre, cette réunion sur une même couche de deux époux tendrement enlacés, demeure totalement étranger aux mœurs grecques.

* J. HEURGON, *La vie quotidienne chez les Étrusques*, p. 96.

62. Peinture murale de la Tombe du Baron à Tarquinia

Vers 510 avant J.-C.

Aucun hypogée, peut-être, de la nécropole de Tarquinia ne comblera le visiteur d'un plaisir esthétique plus complet que cette tombe «du Baron», dont le nom curieux n'est dû qu'au titre nobiliaire d'un de ses inventeurs. Au centre de la paroi du fond, un homme barbu, serrant contre lui un adolescent blond qui joue de la double flûte, présente une grande coupe à une femme qui l'accueille, les deux mains tendues en avant. Encadrant ce groupe central, deux cavaliers, le fouet à la main, convergent vers lui. Les hommes sont légèrement vêtus. La femme est drapée jusqu'aux chevilles dans une tunique claire et un manteau rouge qu'elle a tiré jusque par-dessus le haut *tutulus* traditionnel qui la coiffe. Tous ont aux pieds ces souliers à bouts recourbés, «à la poulaine», qui sont un emprunt de plus fait par les Étrusques à l'Ionie. Nous les avons rencontrés souvent déjà: fendues sur le devant, montant très haut et en pointe à l'arrière, ces longues chaussures connurent une très grande vogue en Toscane.

Si l'on peut s'interroger sur le sens exact de la scène qui réunit ces personnages, il est impossible de rester insensible au climat de sérénité et de tranquille distinction qui en émane. La composition, très simple, met les figures et les groupes en relief en les isolant dans de larges espaces, que des arbrisseaux ponctuent sans surcharge. Même les chevaux marins et les dauphins qui animent le fronton de leurs sinuosités, le font sans manquer à la retenue formelle de l'ensemble. L'état de conservation est remarquable et les couleurs, où dominent le rouge, le noir, le vert, ne semblent rien avoir perdu de leur intensité. La qualité du dessin rappelle les plus anciens vases attiques à figures rouges.

Usant d'une technique originale, l'artiste a fixé d'abord la silhouette première de chaque motif par une sorte de voile grisâtre appliqué sur la surface même du tuf, préalablement polie, mais non recouverte d'une couche intercalaire de mortier. Il a tracé ensuite la ligne de contour et enfin étendu les couleurs. Mais cette ombre grise ne fut pas éliminée au-delà des contours et forme comme une brume entre eux et le fond clair de la roche. Indice de non-finition ou effet voulu, il n'importe: l'imprécision qu'en retirent les motifs leur confère une sorte d'abstraction, à laquelle tendent aussi leurs formes allongées, leur symétrie, et qui certainement contribue pour beaucoup au raffinement général.

63-64. Vestiges d'une acropole et d'un centre urbain étrusques près de Marzabotto (Émilie)

De la fin du VIe siècle avant J.-C. au milieu du IVe environ.

Déjà la tradition littéraire antique faisait des Étrusques des maîtres dans l'art de fonder et d'organiser une ville, et déguisait bien mal que c'était sous ses rois étrusques que Rome elle-même avait accédé au rang de cité véritable. Des fouilles, entamées au siècle dernier et que l'on poursuit encore, ont porté au jour près du village de Marzabotto, dans la chaude campagne des environs de Bologne, les restes d'un habitat étrusque dont le plan en damier est étonnamment venu confirmer ce jugement. Et pourtant les ruines exhumées sont loin d'être spectaculaires. Sur une terrasse que le fleuve Reno a fortement grignotée au cours des siècles, on ne voit plus, en effet, que de petits empilements de cailloux fluviaux, liés dans la boue; et en général la destination des bâtiments, dont ces maigres restes sont les fondations, n'apparaît pas clairement: ce sont des maisons sans doute pour la plupart, et assez modestes, mais aussi des boutiques, des ateliers, des locaux industriels. Et le nom même de la ville nous échappe, car les sources historiques restent muettes à son sujet. Mais ce qui surprend, c'est de trouver toutes ces constructions réparties en îlots rectangulaires, parfaitement orientés (on a

retrouvé des repères avec l'indication des points cardinaux!) et très régulièrement délimités par un réseau de rues rectilignes, qui quadrillent la ville parallèlement à des axes majeurs orientés nord-sud et est-ouest et donc croisés perpendiculairement. Cette extrême régularité se retrouve dans les subdivisions internes des édifices. Les artères principales sont larges de quinze mètres et partagées en une chaussée et deux trottoirs latéraux pour piétons. Les voies secondaires ont cinq mètres de largeur. En bordure de ces rues des canalisations ont même été prévues pour évacuer les eaux et signifier tout à la fois la limite entre zones privées et voie publique.

Une acropole à caractère exclusivement sacré est toute proche. Sur une élévation au nord-ouest, en effet, subsistent les fondations ou soubassements de plusieurs édifices religieux, dont nous montrons ici celui que l'on désigne par la lettre D. C'est un podium de grand autel ou de petit temple, revêtu de blocs de travertin aux moulures robustes. Tous les monuments sacrés de l'acropole ont reçu la même orientation que le centre urbain et ont façade au sud. Comment douter dès lors qu'acropole et cité ont été conçues et sont nées ensemble, qu'elles furent bâties sur un plan unique et probablement en l'espace de peu d'années? Tout porte à croire, en effet, que nous sommes en présence d'une colonie de l'Étrurie centrale, fondée ici sur sol vierge, sans doute quand les Étrusques, en passe d'être refoulés du Latium et de Campanie, cherchaient dans le Nord et sur l'Adriatique de nouveaux débouchés économiques. La cité vécut peu: elle fut détruite par les Gaulois et abandonnée dès le IVᵉ siècle, ce qui nous vaut d'en lire encore avec tant de netteté le plan régulateur, ce qui explique aussi que l'on n'ait pas hésité à parler ici d'une «Pompéi étrusque».

On songera irrésistiblement, devant cette limitation rationnelle de l'espace selon des lignes orthogonales, à des réalités romaines postérieures: à l'agencement des camps militaires, et surtout au compartimentage des campagnes pratiqué par Rome, à cette «centuriation», comme on dit, dont elle fit une si large application dans ses colonies et qui fut la base de son cadastre et de sa cartographie. Que ces principes d'orientation et de limitation — qui pourraient bien s'être développés autour de la Méditerranée à partir du milieu égypto-mésopotamien — procèdent d'une vision religieuse du monde, il ne semble pas qu'on en puisse douter. Toute division du sol, par delà ses aspects pratiques ou esthétiques, se réfère, à l'origine, à des croyances sacrées. Depuis la préhistoire, l'orientation et la division de l'espace sont vécues en correspondance parfaite avec l'ordre divin, le monde d'en haut et celui d'ici-bas se compénétrant étroitement, en vertu de conceptions mystiques, essentielles, semble-t-il, à la mentalité primitive. Dans un sens profond de l'unité et de l'harmonie universelles, la juste définition des biens de ce monde se veut ainsi l'image même du cosmos. En Étrurie, elle est partie intégrante de la «discipline» sacrée. Même le cadastre romain, qui, bien sûr, devint en premier lieu un instrument juridique et financier, n'en perdit pas pour autant sa valeur religieuse.

65. La nécropole est de la ville étrusque de Marzabotto

Dès que l'on a franchi la porte orientale de la cité sans nom de la vallée du Reno, on découvre, un peu en contrebas, ce qui reste de l'une de ses nécropoles. L'endroit est indiciblement suggestif. Sur un sol brûlant, dans une verdure trop clairsemée pour lutter avec conviction contre la lumière prodigue, sont posées des tombes vides qui semblent composer un inexpugnable silence. Ce sont des tombes à crémation, du type *a cassa*, dont la «caisse» est faite d'épaisses dalles de travertin posées de chant et supportant un couvercle à double versant. Par-dessus, le signe extérieur de la sépulture: une stèle, une colonne, une pierre naturelle, ronde ou ovoïdale, tirée du lit du fleuve... Ces tombes, naturellement, se trouvaient entièrement sous terre; à la surface n'était visible que le monument funéraire. L'abaissement actuel du niveau remonte aux fouilles du siècle passé: le site y a gagné peut-être en charme romantique ce qu'il a perdu certainement en vérité.

Le village de Marzabotto fut douloureusement marqué par la dernière guerre et l'archéologie n'y a pas été épargnée: en 1944, des tombes étrusques furent brisées et le mobilier funéraire, assez riche, qu'on en avait tiré, en bonne partie détruit.

66. *Autre nécropole de Marzabotto, située au nord de l'habitat.*

67. Acrotère du temple «dei Sassi Caduti» à Faléries (Civita Castellana)

Terre cuite polychrome — Début du Ve siècle avant J.-C.
Rome, Musée National de la Villa Giulia.

L'originalité majeure du temple étrusque réside certainement dans la nature des matériaux de construction qui étaient mis en œuvre. La seule partie de leurs temples, en effet, que les Étrusques avaient coutume de construire «en dur» en était la base, podium et fondations. La superstructure et la décoration, par contre, étaient réalisées presque exclusivement en argile et en bois, et donc d'une manière éminemment vulnérable. Ce n'est qu'assez tardivement et sous l'influence grecque que s'opérera la transposition en pierre de ces structures fragiles.

Mais on sait combien les formes et les proportions d'un édifice sont tributaires de la résistance des matériaux qui le constituent. La légèreté de ceux utilisés par les constructeurs étrusques autorisait certes de plus larges entrecolonnements, mais limitait le développement du temple en hauteur et nécessitait la protection d'un toit ample avec sur les côtés une forte saillie de gouttière en auvent. Si l'on retient en outre que le type de temple étrusque

décrit par Vitruve dans son traité d'architecture donne au plan une largeur seulement de peu inférieure à la profondeur, on pourra se représenter un bâtiment d'allure plutôt trapue et pesante, assez éloigné du temple grec et voisin au fond de ces «chalets» dont les régions alpines nous offrent toujours le pittoresque spectacle. D'autre part, une charpente de bois demande à être protégée par un revêtement compact mais léger, tout comme elle n'admet qu'une ornementation de poids réduit. Tout cela explique un usage intense de la terre cuite sous forme de tuiles, bien sûr, mais également d'éléments décoratifs divers, simplement peints ou en relief polychrome, figurés ou

68. *Maquette de temple étrusque archaïque selon le «canon» vitruvien* (ROME, Musée de l'Institut d'étruscologie et antiquités italiques de l'Université).

géométriques, mais toujours du plus vivant effet: plaques de couverture en frise continue, antéfixes pour orner les têtes de poutres ou masquer l'extrémité des files de tuiles creuses, acrotères ou ornements d'angles du fronton, statues même. On peut regretter peut-être que le baroquisme étrusque ait développé souvent cet appareil décoratif au-delà même des exigences fonctionnelles qui l'avaient commandé, le faisant proliférer comme

69. *Antepagmentum ou plaque de revêtement d'un temple de Lanuvio (IVe-IIIe s.)*

(ROME, Musée National de la Villa Giulia).

une excroissance parasitaire, sans souci de cohérence organique ni par conséquent des valeurs architecturales véritables. Il n'empêche que, considéré en lui-même précisément, ce travail de la terre cuite s'inscrit parmi les expressions les plus originales du tempérament artistique étrusque.

Devant le présent fragment d'acrotère, il est facile d'imaginer l'effet qu'il devait produire lorsque, dans l'intégrité de ses formes, il détachait sur l'azur du ciel, au sommet d'un fronton, ses couleurs vives et le découpage nerveux de ses contours. Encore aujourd'hui, brisé et arraché à son contexte originel, ce groupe étonne par sa force narrative: un guerrier vaincu a déjà ployé le genou et, l'angoisse au visage, se retourne cependant, pour opposer une dernière parade aux coups fatals de son assaillant, dont seul le bas du corps est conservé. Les combattants sont en tunique courte mais pourvus d'un armement de type grec, qui est détaillé avec minutie. On remarquera l'utilisation adroite, pour souder sans extravagance les deux figures, du bouclier rond que le soldat vaincu tient sur le bras gauche. Partout les couleurs en gamme très étendue, quoique actuellement fort estompées, complètent l'œuvre du relief.

Forcément les matériaux légers dont, au-dessus du sol, le temple toscan était bâti, étaient aussi périssables à l'extrême. Il n'est donc pas étonnant que

70. *Antéfixes du temple hernique d'Alatri (IIIe s.?) représentant l'Artémis persique* (ROME, Musée National de la Villa Giulia).

le témoignage de l'archéologie soit si décevant sur les temples d'Étrurie. D'aucun d'entre eux nous n'avons conservé beaucoup plus que les fondements, que le podium, qu'un peu de terre cuite. Nous ne sommes d'ailleurs pas mieux informés sur l'architecture profane, publique ou privée. Seule l'architecture funéraire de l'Étrurie est convenablement documentée. Sans doute parce qu'elle fut préservée par le sol et la roche, mais aussi parce que les Étrusques, avant tout préoccupés de la vie de l'au-delà, n'ont recherché la

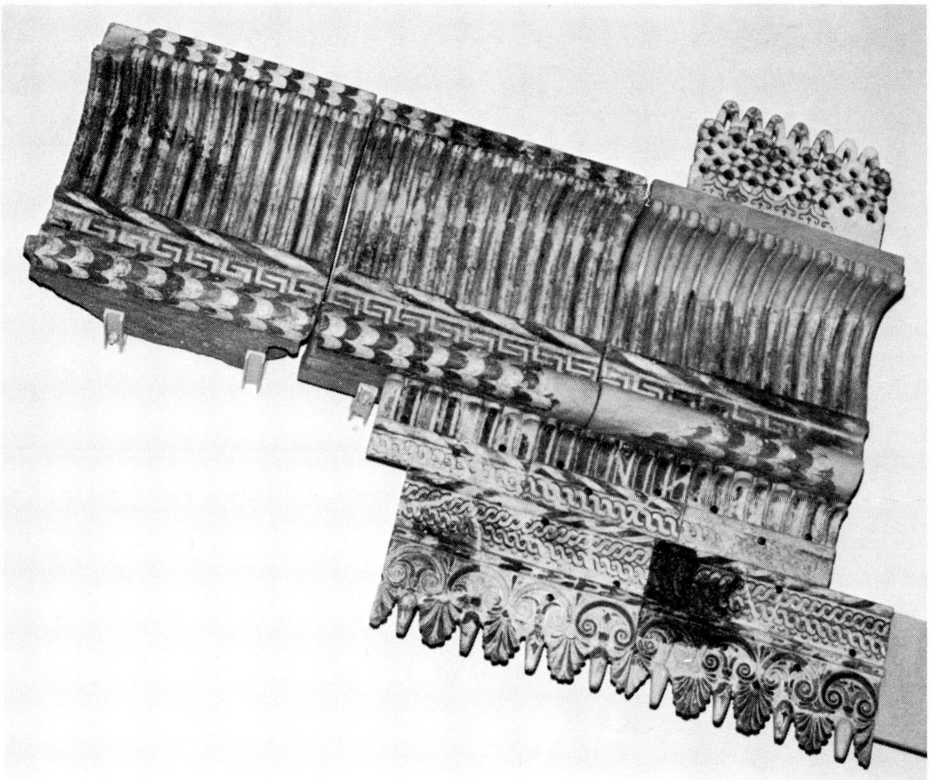

71. *Partie du revêtement d'un des rampants du fronton du temple archaïque du « Portonaccio » à Véies* (ROME, Musée National de la Villa Giulia).

durée que pour leurs tombes. Ailleurs, et même dans leurs constructions sacrées, ils ne consentirent qu'à du transitoire. Ce n'est donc pas seulement à l'orientation des fouilles archéologiques que la civilisation étrusque doit d'avoir survécu principalement dans ses aspects funéraires. Et ce trait n'a pas peu contribué à tisser ce voile de mystère dont on se complaît à l'envelopper!

72. L'Apollon de Véies

Terre cuite polychrome — Début du Ve siècle avant J.-C.
Rome, Musée National de la Villa Giulia.

Même la poutre maîtresse qui joint les extrémités supérieures des deux frontons du temple — le faîtage — était hérissée, en Étrurie, d'une riche décoration d'acrotères en terre cuite peinte. A Véies, au lieu-dit «il Portonaccio», où le culte était lié sans doute à l'existence de sources d'eaux minérales, un temple supportait même sur son arête faîtière une file d'imposantes statues de divinités, de grandeur humaine, qui racontaient en plein ciel leurs existences agitées. On a mis au jour là des socles de terre cuite modelés en arceaux dans lesquels venait s'emboîter le faîtage et qui offraient

73. *Tête d'Hermès provenant du temple du « Portonaccio » à Véies*

(ROME, Musée National de la Villa Giulia).

de la sorte une base ferme à chacune de ces effigies divines. Une pareille audace, de telles prouesses techniques surprendront peut-être moins si l'on sait la renommée «internationale» dont jouissaient, sur la fin du VIe siècle, les ateliers de coroplastes véiens: lorsqu'on dut pourvoir à Rome — la Rome des Tarquins et du début de la République — à la décoration du nouveau temple de Jupiter sur le Capitole et à l'exécution d'une statue de culte qui fût digne du souverain maître du monde, on n'hésita point à solliciter le concours de Vulca, le chef de file de cette école véienne, le seul artiste étrusque aussi dont le souvenir ait mérité d'être gardé par nos sources littéraires grecques et latines.

On s'accorde à considérer cet illustre Vulca comme l'auteur très probable des terres cuites splendides qui couronnaient le temple de Véies et que, en dépit de leur fonction architectonique, leur plasticité range dans la grande statuaire. La statue d'Apollon, la mieux conservée, formait groupe avec un Héraclès dont furent retrouvés d'importants fragments. Le dieu disputait à Héraclès la biche aux bois d'or de Cérynie, qui était consacrée à sa sœur Artémis mais que le héros, après un an de chasse, avait réussi à capturer. A la scène participaient d'autres divinités, Hermès, dont nous avons la tête, et peut-être aussi Artémis elle-même.

La découverte de l'Apollon, en mai 1916, signifia un revirement décisif dans l'appréciation critique de l'art étrusque. Malgré tout ce que cette figure devait aux œuvres ionico-attiques, la preuve y éclatait, en effet, qu'un artiste véritable pouvait, à l'intérieur même des cadres stricts où l'enfermait une tradition typologique et stylistique impérieuse, laisser parler encore une vision personnelle de la réalité, un tempérament artistique autonome. L'Apollon de Véies est, pour l'art étrusque, la plus belle illustration de sa dépendance de l'art grec et de son autonomie tout à la fois. Car comment ne pas sentir combien s'éloignent des formules de l'archaïsme grec, si équilibrées déjà et mesurées jusque dans la passion, la tension interne, l'ardeur impétueuse, pour ne pas dire l'agressivité, que l'artiste ici a su faire émaner de son œuvre? L'accentuation des volumes anatomiques, les saillies des muscles vibrant sous la vibration du drapé, l'inclinaison du buste vers l'avant confèrent une vitalité peu commune à ce corps nerveux engagé dans une irrépressible progression. Les arêtes incisives, les profils tranchants (n'oublions pas que l'œuvre s'offrait en vision latérale) animent le dieu d'une énergie dure, d'une cruauté latente malgré le sourire stéréotypé, de cette puissance altière que lui attribue aussi le mythe:

Mais je tremble de ce que l'on dit, Létô, et ne te le cacherai point;
on raconte qu'Apollon sera d'un orgueil sans limite,
et qu'il viendra commander en maître aux Immortels
*et aux mortels, sur la terre qui donne le blé**.

74-75. Deux statuettes: guerrier combattant et éphèbe nu

Bronze — Début du Ve siècle avant J.-C.
Bruxelles, Musées Royaux d'Art et d'Histoire.

On lit chez Horace quel prix les Romains de son temps attachaient encore aux *Tyrrhena sigilla***. Cette petite plastique «tyrrhénienne», dans laquelle il est vrai que les artisans toscans se sont exprimés souvent avec bonheur, est largement représentée dans les vitrines de nos musées par des ornements figurés de pièces diverses de mobilier et surtout par des ex-voto, images de divinités ou de dévôts, qui furent découverts le plus souvent groupés dans des dépôts votifs de sanctuaires.

Au terme de l'archaïsme, on perçoit dans ces figurines la liberté grandissante conquise par la statuaire. Les membres s'animent et prennent possession de l'espace: les bras se détachent du corps, la jambe gauche fait un pas en avant. La statuette d'éphèbe, apparentée indiscutablement aux *kouroi* célèbres de la Grèce archaïque, témoigne aussi, par l'ouverture du visage, par le modelé du corps, de l'éveil d'une recherche anatomique attentive à exprimer la tension de la vie.

Le guerrier, coiffé d'un casque à cimier gigantesque, brandissait la lance et se protégeait du bouclier que portait le bras gauche. Provenant des environs de Foligno, il est d'un type effectivement très répandu, à l'époque, en Ombrie et aux confins de l'Étrurie. Ces figurines étaient peut-être produites par les bronziers de Todi et consacrées au dieu Mars. Nombre d'entre elles, comme le présent exemplaire de Bruxelles, sont stylisées à l'extrême et audacieusement étirées en silhouettes filiformes, selon une tendance typique de l'archaïsme tardif en Étrurie.

* *Hymne homérique à Apollon Délien*, 66-69. Trad. J. Humbert.
** *Épîtres*, II, 2, 180.

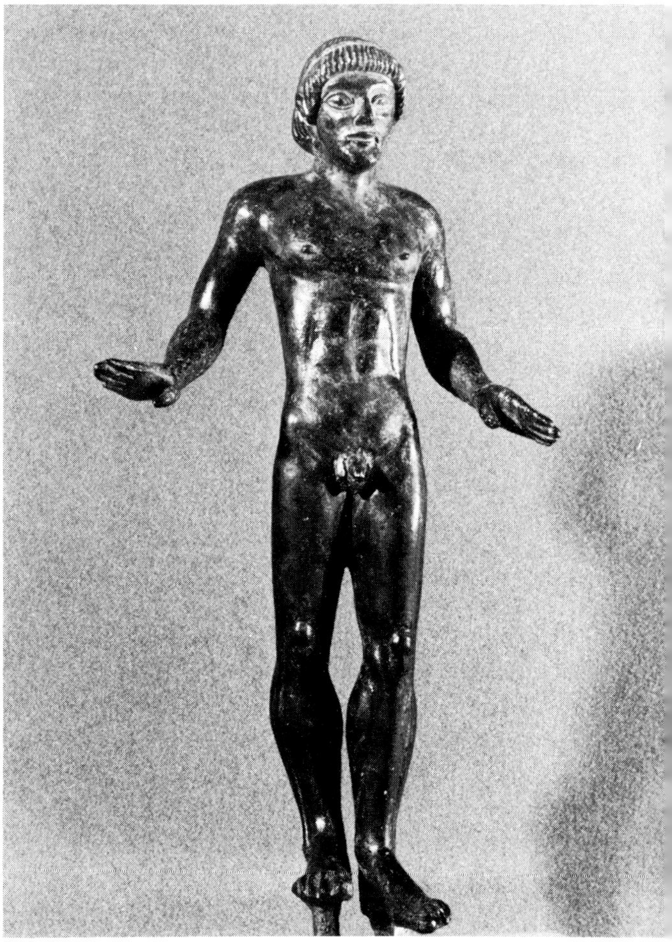

76. Détail des peintures murales de la Tombe des Léopards à Tarquinia
Vers 470 avant J.-C.

En général, c'est à demi allongés sur des lits que les Anciens prenaient leurs repas. Celui-ci, qui est représenté sur le mur du fond d'une petite tombe aux peintures bien conservées — encore que les efflorescences de salpêtre, notamment sur les léopards affrontés du tympan, soient bien inquiétantes ! —, est le banquet funéraire que des couples de la famille propriétaire du tombeau consomment en l'honneur de leurs défunts. De jeunes esclaves assurent le service, danseurs et musiciens sont en action. Nous voyons toujours observée cette convention figurative qui réserve aux femmes une carnation claire et dote les hommes du hâle prononcé qu'apporte la vie à l'air.

Le contraste est grand avec la Tombe du Baron. Les personnages sont plus trapus, les profils manquent parfois de grâce, les contours sont appuyés, les draperies bariolées tombent pesamment. Mais ce style plus facile, ce trait hâtif apportent à l'ensemble un brin de saveur populaire qui ne déplaît pas.

La mode évolue: la femme semble avoir renoncé au *tutulus* ionien et au port du voile sur la tête. Tous ici, serviteurs compris, ont la tête couronnée de myrte à l'occasion du banquet. Le laurier d'autre part est présent partout. La verdeur persistante de ces deux plantes était symbole de survie. Et l'œuf, qu'un des convives, à droite, tient délicatement entre le pouce et l'index, a, par le germe de vie qu'il contient, la même valeur symbolique.

La société étrusque reconnaissait à la femme une liberté de comportement et de droit qui, en Grèce et à Rome, lui fut toujours refusée, et dont la modernité peut séduire. Alors que Grecs et Romains la confinaient à l'ombre discrète du logis familial, il était admis, en Étrurie, qu'elle participât, aussi bien que l'homme, à toutes les manifestations de la vie sociale, et les maris d'ailleurs n'hésitaient pas à afficher ouvertement leur tendresse et leur estime à l'égard de leur épouse. A Athènes, il n'y avait que des courtisanes pour s'allonger ainsi aux côtés d'un homme sur un lit de festin, mais, en Étrurie, c'était coutume admise dans les familles les plus respectables. De cette considération, de ce statut tout particuliers de la femme étrusque, les œuvres d'art et les sources archéologiques nous ont conservé d'irréfutables témoignages. Mais on comprend aussi que la morale antique contemporaine, scandalisée, y ait trouvé matière à cancans et que les mauvaises langues des littératures grecque et romaine n'aient pas raté si belle occasion de bâtir aux Étrusques une réputation de débauche, profondément injuste, mais tenace.

77. Porte de la tombe dite «del Colle» ou Tombe Casuccini à Chiusi

Travertin — Deuxième quart du Ve siècle avant J.-C.

Les Étrusques ordinairement fermaient leurs sépulcres en obturant l'entrée au moyen d'un ou plusieurs gros blocs de pierre. Aussi, visitant les tombes à chambre de Chiusi, n'est-on pas peu surpris de pénétrer dans l'une d'elles par une porte véritable. Porte à deux battants, magnifique encore, et, hormis ses deux poignées métalliques, toute originale. Chaque vantail, fait

d'une seule pièce de travertin, de taille soignée, tourne sur un double pivot réservé dans le prolongement supérieur et inférieur du côté externe et qui joue dans deux cavités creusées dans le linteau et le seuil. L'ensemble, assez impressionnant, se manœuvre toujours sans accroc. Mais on usera bien des deux mains, si l'on veut en maîtriser le poids!

78. Tombe dite «del Colle» ou Tombe Casuccini à Chiusi

Deuxième quart du Ve siècle avant J.-C.

La cité de Chiusi, dans la vallée de la Chiana, a joué, dans l'histoire étrusque et romaine, un rôle fameux. Très retirée cependant à l'intérieur de la Toscane, Chiusi ne brille particulièrement qu'entre la fin du VIe siècle et le IVe, en un temps donc où déjà, pour les centres côtiers, s'amorce le déclin. C'est au début de cette période que la tradition situe son fastueux monarque Porsenna et sa marche sur Rome, au secours de ses confrères déchus.

Après Tarquinia, Chiusi est la plus riche en peintures pariétales. Les tombeaux peints y sont nettement moins nombreux pourtant et semblent appartenir presque exclusivement au Ve siècle. C'est l'époque où s'intensifie l'influence des monuments et pratiques funéraires de l'Étrurie méridionale: l'inhumation vient contaminer la tradition crématoire ancestrale, et, avec le nouveau rite, se répand aussi la mode «tarquinienne» des chambres à décor pictural. Le répertoire des sujets peints et l'idéologie qui les anime sont les mêmes qu'à Tarquinia. Voici, par exemple, dans cette longue frise qui court à la partie supérieure des murs de la tombe, un très vivant détail représentant

des jeux athlétiques funéraires: maniement des haltères, danse guerrière, gymnastique d'échauffement et, sous les yeux d'un arbitre vêtu de bleu et la baguette à la main, une projection au sol dont ne rougiraient pas nos modernes judokas. Et comme en Étrurie la musique n'est jamais loin, deux jeunes joueurs de double flûte et une aguichante danseuse aux castagnettes rythment tous ces mouvements sportifs. Le style, sans doute, fait un peu province, la composition est sommaire et le décor quasi nul, mais la réalité des attitudes est observée avec justesse et rendue avec une spontanéité pleine de fraîcheur.

On aura remarqué le plafond, directement sculpté dans le tuf et peint. Il est un peu lourd peut-être, mais simule merveilleusement les poutres et les caissons d'une toiture réelle. N'oublions pas que la tombe est la maison où «vit» le mort.

79. La course de chars peinte dans la Tombe «del Colle» ou Casuccini de Chiusi

Deuxième quart du Ve siècle avant J.-C.

Dans un autre angle de la même tombe, le peintre a représenté une course de biges, c'est-à-dire de chars à deux chevaux. Trois attelages sont aux prises. Chacun est composé d'un cheval noir et d'un alezan, et dirigé par un jeune aurige à cheveux noirs, en tunique et bonnet blancs. Noir, blanc, rouge brique sont les trois teintes franches dont l'artiste a usé essentiellement, mais, en les faisant alterner adroitement, il a réussi, avec un sens très sûr de l'effet décoratif, à créer la variété et à doter le tableau du rythme vif qu'il requérait.

Car les coursiers sont fringants et l'allure est rapide. Ce n'est cependant pas le galop effréné auquel on assiste dans la tombe tarquinienne «des Olympiades», c'est un trot plutôt. Les cochers excitent leurs chevaux du fouet ou de l'aiguillon, et celui qui est en tête a les rênes passées autour des reins. Leur ardeur à la compétition, leur équilibre précaire sur de petits chars à deux roues qu'on devine extraordinairement légers sont croqués d'un trait incisif et avec beaucoup de dynamisme et de naturel. On goûtera aussi la saveur narrative de ce chien tranquille, à museau pointu, qu'on aperçoit, attaché à un piquet, sous l'attelage du char central. Des arbres très schématisés — de funéraires cyprès peut-être? — scandent la composition avec la rigidité de poteaux de jalonnement, dont sans doute ils font office.

La course de chars est au nombre des jeux célébrés en l'honneur du mort. Qui ne se souvient ici du chant merveilleux de l'*Iliade* où Homère nous décrit

80. *La course de biges de la Tombe des Olympiades à Tarquinia.*

celle qu'organisèrent les Achéens lors des funérailles de Patrocle, l'irréprochable ami du divin Achille?

*Ils lèvent tous ensemble le fouet sur leurs chevaux, ils les frappent de leurs rênes de cuir, ils les gourmandent de la voix passionnément. Rapides, les chevaux dévorent la plaine et s'éloignent en hâte des nefs. Sous leur poitrail, la poussière, soulevée, monte, pareille à une nuée ou à une trombe. Leurs crinières voltigent au souffle du vent. Les chars tantôt s'abattent sur la glèbe nourricière, tantôt bondissent dans les airs. Les conducteurs sont debout dans les caisses; chacun a le cœur qui palpite du désir d'être vainqueur. Et tous jettent des appels à leurs coursiers, qui volent en soulevant la poudre de la plaine**.

* *Iliade*, XXIII, 362 svv. Trad. P. Mazon.

81. Vase attique à figures rouges trouvé dans une tombe de Spina

Céramique peinte — Vers 430-420 avant J.-C.

Ferrare, Musée Archéologique de Spina.

On ne s'y trompera pas, ce vase superbe n'est pas étrusque, il est grec. C'est une corne à boire dont la partie inférieure est modelée en tête de bélier et le col décoré de Satyres et de Ménades dansant. Ce type de vase plastique, que l'on appelle «rhyton», fut imité par les céramistes étrusques, mais le présent exemplaire doit être attribué à un grand maître attique anonyme de la seconde moitié du Ve siècle, dit «le Peintre d'Érétrie». La présence de cette image serait déplacée, sans doute, dans un ouvrage consacré à l'Étrurie, si elle ne permettait de rappeler que, comme celui-ci, la grande majorité des vases grecs qui font aujourd'hui l'orgueil de nos musées sont sortis des tombes étrusques. Importée ou produite sur place par des ateliers d'artisans immigrés, cette céramique étrangère est révélatrice, par son abondance, du goût des Étrusques pour ces articles de choix de l'industrie grecque aussi bien que de l'intensité des rapports commerciaux noués avec le monde hellénique.

Spina, qui a restitué ce rhyton, était au Ve siècle un port extrêmement florissant. C'était, avec Adria, l'indispensable débouché sur l'Adriatique de l'Étrurie padane et le garant du trafic avec l'Est méditerranéen. C'était une ville cosmopolite, mais qui reçut son orientation culturelle principalement des comptoirs de commerçants grecs, très actifs, qui s'y étaient établis. Au fil des siècles, avec le recul de la zone littorale et la transformation considérable de la morphologie du delta du Pô, les vestiges de Spina furent submergés sous les eaux et les sables des cuvettes lagunaires des environs de Comacchio. C'est là qu'on a identifié d'abord les cimetières de la ville, à la suite des travaux d'assèchement et de bonification de la région. Plus tard, la photographie aérienne a révélé comme en filigrane sous le sol actuel la trame du centre urbain, et l'on a su que, comme dans une Venise antique, un quadrillage de canaux y découpait les constructions lacustres en îlots réguliers.

82. *Cratère à volutes des peintre et potier attiques Clitias et Ergotimos (570-560 av. J.-C.) trouvé à Chiusi et dit « Vase François »* (FLORENCE, Musée Archéologique).

Avant Spina, d'autres nécropoles étrusques avaient livré déjà d'amples moissons de vases grecs. Et il est stupéfiant qu'en dépit du style de ces œuvres ou de la langue des inscriptions qu'on y pouvait trouver, il ait fallu si longtemps pour amener les «étruscomanes» à y reconnaître des créations grecques. Pourtant, au siècle dernier encore, certains d'entre eux allaient jusqu'à mettre en doute l'existence même d'un art céramique grec, revendiquant pour l'Étrurie la paternité des vases trouvés en Grèce! Savourons, à ce propos, ces extraits de la correspondance de Lucien Bonaparte qui retira, de la triste manière que nous avons déjà dite, tant de vases peints de ses terres de Vulci:

«...Monsieur Wolff artiste prussien à son retour de Grèce a, dit-on, rapporté d'Égine plusieurs vases peints semblables à nos vases étrusques... Certes il paraîtrait bien étrange à quiconque réfléchit au caractère des anciens écrivains grecs qu'aucun de ces écrivains n'eût informé la postérité de l'excellence de la peinture grecque sur les vases de terre cuite; ces écrivains, par un sentiment patriotique, quelques fois exagéré, mais toujours excusable, ont eu soin d'enregistrer jusqu'aux statues de bois de Dédale, jusqu'au profil de Dibutade réfléchi sur la muraille, et ils ont affirmé hardiment que le premier profil avait été dessiné en Grèce, que le tour du potier avait été inventé en Grèce, que la première statue avait été faite en Grèce etc.; enfin si l'on en croyait ces écrivains, la Grèce seule aurait eu en partage l'intelligence, et il faudrait fermer les yeux aux traits de lumière de l'antique Égypte, de la Chaldée, des Indes, et surtout il faudrait oublier le livre par excellence, la Bible, qui nous montre les arts florissants en Égypte et ailleurs avant les prétendus inventeurs grecs *de ces arts. Il paraîtrait, dis-je, bien étrange que dans cette foule d'écrivains grecs, tous prolixes et exagérateurs, un seul n'eût pas parlé de la peinture sur terre cuite, si cette peinture avait effectivement excellé dans la Grèce; ainsi les probabilités les plus fortes me semblent se réunir contre l'existence des prétendus vases grecs... Je crois devoir vous communiquer que des personnes qui ont acheté des vases fouillés dans nos terres* se sont embarquées à Ancone pour la Grèce *immédiatement après leurs acquisitions. Ces messieurs auraient-ils fait faire avec eux le voyage de Grèce à quelques uns de nos vases étrusques? Et la bonne foi de Monsieur Wolff ne pourrait-elle pas avoir été surprise par quelque spéculateur qui aurait calculé le profit qu'il retirerait en couvrant d'un masque grec les vases étrusques trouvés dans nos maremmes?... C'est bien assez que l'on ait enlevé en silence tant de vases peints à nos maremmes de Canino et de Corneto sans que nous souffrions en paix qu'on enrichisse nominalement la Grèce de nos dépouilles...»* (Lettre du 4 septembre 1829).

«...nos découvertes comme nos lectures nous confirment à chaque instant dans l'opinion que l'antique Étrurie n'a rien reçu de la Grèce et lui a beaucoup donné...» (Lettre du 19 décembre 1829).

83. La Chimère d'Arezzo

Bronze — V^e-IVe siècle avant J.-C.
Florence, Musée Archéologique.

C'est le héros Bellérophon qui, avec l'aide de son cheval ailé Pégase, délivra la Lycie de la Chimère qui la dévastait. Cette Chimère était un monstre hybride:

«*Elle était de race, non point humaine, mais divine: lion par devant, serpent par derrière, et chèvre au milieu, son souffle avait l'effroyable jaillissement d'une flamme flamboyante*»*.

* *Iliade*, VI, 180-182. Trad. P. Mazon.

Au fond, il n'y a pas à s'étonner tellement que ce soit la toreutique étrusque qui nous en ait laissé la plus merveilleuse image. Car le génie toscan eut toujours, en partage avec l'Orient, une propension à représenter les animaux, réels ou fabuleux. Et peu favorisé par une pierre locale ingrate, c'est dans le travail du bronze — et de l'argile aussi — qu'il a le mieux su donner la mesure de ses capacités inventives.

Cet exceptionnel chef-d'œuvre, qui pourrait n'être que partie d'un groupe, fut trouvé à Arezzo en plein *Cinquecento* et restauré à l'époque, en partie par le grand Benvenuto Cellini lui-même. La bête porte deux blessures où perle le sang, une à la cuisse gauche, l'autre au cou de la chèvre qui a été percé de part en part et déjà cède sous le poids de la mort qui vient. La crinière et le poil hérissés, elle est toute frémissante de douleur et de rage. La gueule rugissante défie l'agresseur, le corps est prêt à une brusque détente. La tête du serpent, elle aussi, devait guetter l'assaillant: le restaurateur qui lui a fait mordre l'une des cornes de la chèvre, a créé un jeu de lignes élégant, certes, mais au mépris de la vraisemblance. L'œuvre est extraordinairement expressive, admirablement modelée, riche de puissance contenue, comme la célèbre Louve capitoline, qui est aussi une réalisation étrusque. Elle mêle l'influence de l'esthétique classique et les réminiscences archaïques, le réalisme impeccable de certaines notations anatomiques et une stylisation étincelante: ce qui, assurément, n'est pas fait pour la situer aisément à sa juste place dans l'histoire des styles.

On lit sur la patte antérieure droite de l'animal une brève inscription, *tinścvil*, qui nous apprend la destination de l'œuvre. Très fréquente sur les ex-voto, cette formule, en effet, paraît avoir la valeur étymologique d'«offrande à *Tin*», c'est-à-dire à *Tinia*, le Jupiter étrusque, ou de «don votif» tout simplement.

84. Miroir de Vulci

Bronze gravé — Autour de 400 avant J.-C.
Vatican, Musée Grégorien Étrusque.

En Étrurie, les miroirs en bronze à décor gravé constituaient une véritable production artistique nationale. On les y voit apparaître au VIe siècle avant J.-C., et ce que l'on peut considérer comme leur période classique va de la fin du Ve à la fin du IVe siècle environ.

Un de nos plus beaux miroirs étrusques — pour la précision du trait dans la définition des volumes, pour la sobriété et le rythme de la composition — représente Calchas, le devin attitré des armées grecques en lutte contre Troie, sous les traits d'un vieil homme ailé, attentivement penché sur les viscères d'un animal sacrifié, qui sont posés sur une table devant lui et qu'il tient en

main. Il est indéniable que l'artisan a intelligemment mis à profit ici les expériences classiques grecques. Le héros lui-même est emprunté au répertoire homérique. Et pourtant, l'esprit de l'œuvre n'est plus grec. Calchas est interprété comme un haruspice: c'est un devin étrusque, lisant les intentions divines dans un foie d'animal, considéré, en vertu d'un sens mystique de l'unité et de l'harmonie universelles, comme reflet microcosmique du monde d'en haut. Les deux grandes ailes qui servent de fond à sa silhouette soulignent symboliquement tout l'extraordinaire de pareille science divinatoire.

On sait que la surface gravée constitue le revers d'un miroir. La face principale demeurait lisse et était rendue suffisamment réfléchissante par un polissage adéquat du métal, l'emploi du verre ne se généralisant qu'à l'époque impériale romaine. Souvent une languette courte et étroite, mais réalisée dans la même coulée que le disque, servait de manche: pour faciliter la prise, elle était insérée dans un manchon amovible en ivoire, os ou bois, c'est-à-dire en matière plus rapidement destructible qui généralement ne fut pas récupérée.

La plupart des miroirs se présentent à nous, aujourd'hui, couverts de cette sédimentation du bronze que nous appelons la «patine». Pour mieux en détacher le décor incisé, on a coutume de répandre dans les sillons une poudre blanche qui rend la composition plus apparente et intelligible. On ne perdra pas de vue cependant que ce procédé inverse les rapports esthétiques primitifs: initialement, en effet, la couleur du bronze était claire et se maintenait telle par usage et entretien; sur cette surface claire, le sillon de la gravure se détachait alors en sombre par l'effet de l'ombre qu'il créait ou de l'oxydation qui s'y formait. Or, à ce graphisme sombre sur fond clair, nous substituons un dessin à traits blancs sur fond sombre, ce qui veut dire que, pour des raisons de commodité, nous mettons sous les yeux du spectateur exactement le négatif de la création originelle!

85. *Revers de miroir non talqué (vers 470) représentant une Ménade et un Silène dansant*

(BRUXELLES, Musées Royaux d'Art et d'Histoire).

86. Le site de l'acropole de Véies

Heu! Veii ueteres et uos tum regna fuistis
et uestro posita est aurea sella foro:
nunc intra muros pastoris bucina lenti
cantat et in uestris ossibus arua metunt.

«*Hélas! antique Véies, tu fus puissante, toi aussi, et sur ton forum tes rois avaient leur siège d'or; maintenant dans tes murs le pâtre, avec lenteur, sonne de la trompe et l'on fait la moisson sur tes ossements.*»*

Au moment où Auguste s'attachait à relever Véies, sans réussir mieux, d'ailleurs, que freiner à peine sa chute dans l'oubli, un jeune poète ombrien, Properce, évoquait de la sorte, dans l'une de ses élégies, la brutale déchéance imposée par le destin à l'une des plus fières cités d'Étrurie. Et ces distiques célèbres ne peuvent manquer de remonter à la mémoire du promeneur d'aujourd'hui, quand au pied du village d'Isola Farnese, dans la campagne déserte et silencieuse, il parcourt les témoins combien indignes d'un si glorieux passé, que l'archéologie a exhumés. Car aux VIe et Ve siècles Véies fut l'un des États les plus puissants et les plus riches d'Étrurie. C'était aussi le plus méridional. Il guettait Rome à quelques kilomètres au nord, sur la rive droite du Tibre. Il la touchait même: le pittoresque Transtévère d'aujourd'hui, le Janicule, le Vatican faisaient partie de son territoire. Mais un fleuve ne pouvait suffire à empêcher l'affrontement d'aussi orgueilleuses ambitions, et l'histoire des rapports entre les deux puissances est celle d'une longue série de conflits.

Vers 406, les Romains, exploitant l'isolement des Véiens au sein d'une confédération d'États étrusques, menacée déjà, dans le nord, par la pression gauloise et d'ailleurs politiquement débile et peu soucieuse de cohésion nationale, mettent le siège devant la métropole étrusque. La légende fait durer ce siège dix ans, comme celui de Troie. Comme à Troie encore, elle nous dit que la ville ne tomba que par ruse et que les assiégeants la mirent alors à feu et à sang.

La nature, en effet, avait pourvu de remarquables défenses le plateau sur lequel s'élevait Véies. Les remparts de la ville ne faisaient qu'y prolonger d'impressionnants escarpements de tuf, au pied desquels, comme en ces temps de légende, on voit couler encore deux torrents aux eaux claires, tourmentés et pittoresques. Ces rochers gris sous la verdure ne laissaient que peu d'espoir aux assaillants. Aussi le dictateur romain, Camille, y fit-il creuser par six équipes de sapeurs se relayant sans relâche une longue galerie souterraine qui

* PROPERCE, IV, 10, 27-30. Trad. D. Paganelli.

passait sous les murs de la ville. La sape amena les soldats de Rome jusqu'en pleine citadelle, dans le temple même de Junon Reine! C'était en 396: le premier pas de la conquête par Rome de l'Étrurie venait d'être fait. Véies fut mise à sac, son territoire annexé: la grande cité étrusque ne se relèvera plus. Les Romains transférèrent chez eux même la divinité poliade de leurs voisins abattus.

«Une fois les richesses profanes enlevées de Véies, on se mit en devoir d'emporter les trésors des dieux et les dieux eux-mêmes, mais en adorateurs et non en pillards. Choisis, en effet, dans toute l'armée, des jeunes gens, le corps purifié par des ablutions et vêtus de blanc, reçurent la mission de transporter à Rome Junon Reine; pieusement ils entrèrent dans son temple et éprouvèrent d'abord des scrupules en portant la main sur elle, car cette statue, selon les rites étrusques, n'était jamais touchée que par un prêtre d'une certaine famille. Puis l'un d'eux, soit sous le coup d'une inspiration divine, soit par plaisanterie de jeune homme, dit: « Veux-tu aller à Rome, Junon?» — « La déesse a fait signe que oui», s'écrièrent tous les autres. Puis on corsa l'anecdote en disant qu'on avait même entendu la déesse répondre: «Oui». En tout cas son déplacement n'exigea que des engins peu puissants; elle avait l'air de venir d'elle-même, raconte-t-on, légère et facile à transporter; sans accident elle arriva sur l'Aventin, son séjour éternel, où l'appelait le vœu du dictateur romain, et où un temple lui fut ensuite dédié par ce même Camille, qui le lui avait promis.

*Telle fut la chute de Véies, la ville la plus riche de la nation étrusque, et dont la grandeur apparaît jusque dans son suprême désastre, puisque, malgré dix étés et dix hivers de siège ininterrompu, et après avoir porté beaucoup plus de coups qu'elle n'en avait reçu, finalement, bien que le destin lui-même la pressât, c'est pourtant par des travaux de siège et non par un assaut qu'elle fut emportée.»**

* TITE-LIVE, *Histoire romaine*, V, 22, 3-8. Trad. G. Baillet.

87. Petit groupe de Marzabotto: un jeune guerrier et sa compagne

Bronze — Début du IVe siècle avant J.-C.
Bologne, Collection Aria.

L'occasion nous fut déjà donnée d'apprécier la merveilleuse habileté des bronziers toscans. Cette maîtrise éclate une fois de plus dans ce petit bronze, qui fut trouvé dans la colonie étrusque de Marzabotto et représente, semble-t-il, quelque scène d'adieu. Le guerrier, en partance pour le combat, a revêtu déjà sa somptueuse cuirasse et un casque au fier cimier et au long panache, dont il n'a pas rabattu encore les couvre-joues. Il tient la lance du côté droit et pose affectueusement la main gauche sur l'épaule de la jeune femme qu'il quitte. Celle-ci, en vêtements longs, tourne le visage vers son compagnon et lui tend la patère pour la libation aux dieux.

La sage ingéniosité de la composition, la justesse et la sobriété des contours, la confiante sérénité et la noblesse sans raideur qui émanent des visages et des maintiens révèlent un art réceptif aux leçons du classicisme grec, tandis que la richesse des détails ciselés met en particulière évidence la finesse de la technique.

Ce groupe, qui n'a que quinze centimètres de haut, n'a pas été créé pour lui-même. Il formait le couronnement d'un candélabre. Les Étrusques, en effet, se sont toujours complu à «appliquer» sur les instruments les plus divers de leur vie quotidienne une inépuisable variété d'ornements figurés, en relief ou ronde-bosse, sans pourtant laisser jamais cette décoration adventice étouffer la structure de l'objet ou en réduire la fonctionnalité. Ils ont laissé ainsi d'innombrables témoignages de ce qu'on a pu appeler leur «sensualité visuelle», c'est-à-dire leur goût pour la forme vivante, leur besoin presque instinctif de concrétiser et animer toute chose. Et dans ce domaine artistique dit «mineur» ils ont révélé une originalité souvent pleine de verve et toujours une grande adresse technique.

88. *Cruche en bronze*

(ROME, Musée National de la Villa Giulia).

89. Le laboureur d'Arezzo

Bronze — Début du IVe siècle avant J.-C.
Rome, Musée National de la Villa Giulia.

Ce petit groupe célèbre, qui n'a pas plus de dix centimètres de haut, illustre avec naïveté les soins attentifs accordés par les Étrusques à la mise en valeur d'un sol, dont les auteurs anciens se sont plu souvent à célébrer la fécondité. Deux bœufs robustes, la nuque chargée d'un joug pesant, fendent la terre du soc en crochet qu'ils traînent derrière eux à l'extrémité du timon. Un paysan vêtu d'une longue tunique et d'une peau d'animal, coiffé d'un chapeau plat à larges bords, suit placidement, guidant l'araire.

Les progrès de la technique n'ont pas toujours raison de la force des usages ancestraux, et, dans les campagnes aux oliviers d'argent de la Méditerranée, on assiste parfois encore à des labours exécutés avec à peu près le même outillage léger qu'autrefois. Le paysage et les hommes de la Toscane semblent avoir si peu changé depuis les temps anciens!

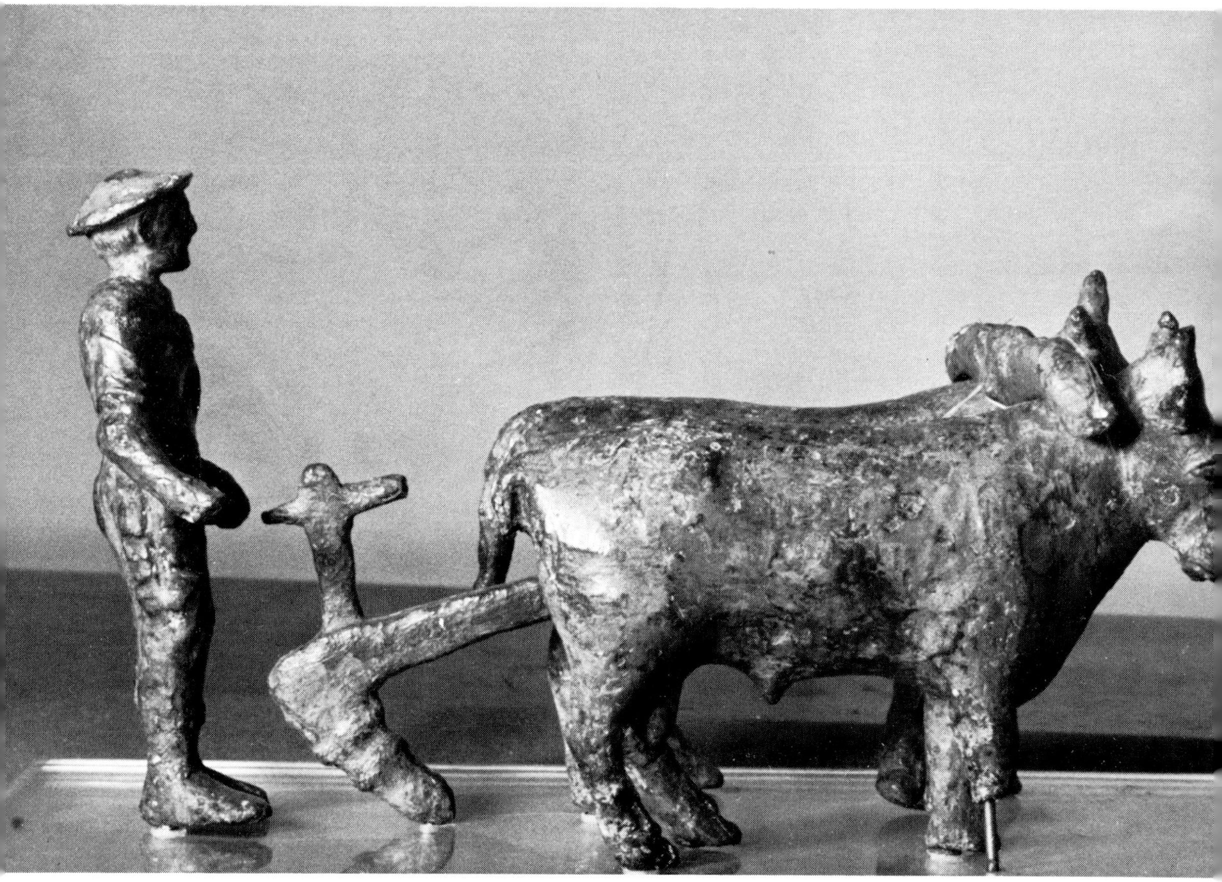

*« Au premier printemps, lorsque la glace fond et coule des montagnes encore blanches de neige et que la glèbe se résout en poussière au souffle du Zéphyr, il faut... que le taureau commence à gémir en tirant l'araire sur lequel pèse le laboureur et que le soc resplendisse frotté par le sillon »**.

*
*   *

C'est d'un araire tout pareil que devaient user les Étrusques lorsqu'ils fondaient une ville nouvelle. La tradition nous apprend que la fondation d'une ville était pour eux, bâtisseurs de villes par excellence, un acte proprement religieux, dont les moindres détails étaient réglés par leurs livres sacrés. Le rite était accompli par l'augure, après la prise d'auspices. Il consistait d'abord à orienter la future ville, ensuite à la délimiter en l'entourant d'un sillon solennellement tracé par un araire de bronze attelé d'une vache et d'un taureau blancs. Les mottes de terre, rejetées toutes vers l'intérieur, et le sillon préfiguraient le mur et le fossé futurs de la ville. On consacrait enfin de part et d'autre de cette ligne symbolique un espace que les Romains appelleront *pomerium* et dans lequel il était interdit, à l'intérieur, de bâtir et, à l'extérieur, de cultiver: c'était la limite «morale» de la ville, qui en défendait le sol consacré contre les cultes étrangers, contre le pouvoir militaire, contre la souillure des cadavres. Cette limite sacrée n'était interrompue qu'à l'emplacement des portes. Là le fondateur doit relever le soc de sa charrue: il la «porte». «*Aussi considère-t-on comme sacré le mur tout entier, à l'exception des portes. Si l'on tenait les portes pour sacrées, on ne pourrait, sans craindre la colère divine, y faire passer ni les choses nécessaires qui entrent dans la ville ni les choses impures qu'on en rejette*»**.

Les Romains, auxquels les Étrusques ont tant appris, ont perpétué ces cérémonies inaugurales dans toutes leurs colonies. C'est même de cette manière qu'ils imaginaient que déjà Romulus avait fondé Rome, ayant fait venir «*de Tyrrhénie des hommes pour le guider et lui enseigner en détail les rites et les formules à observer, comme dans une cérémonie religieuse*»***. Mais jamais l'Antiquité n'a songé à disputer aux Étrusques la paternité de ces rites de fondation de cité: ils sont par excellence l'*Etruscus ritus* et émanent sans conteste de la même vision religieuse du monde que les principes qui, à Marzabotto ou Spina, ont présidé à l'aménagement régulier de la cité de part et d'autre d'axes orientés et orthogonaux. Ce sont là des expressions particulières d'un sens profond de l'unité et de l'harmonie universelles dans la fixité, l'ordre et la justice.

* VIRGILE, *Géorgiques*, I, 43-46. Trad. H. Goelzer.
** PLUTARQUE, *Romulus*, 11,5. Trad. E. Chambry-R. Flacelière.
*** PLUTARQUE, *Romulus*, 11,1. Trad. E. Chambry-R. Flacelière.

90. Nécropole de Cerveteri

Bien sûr, ce sont les files interminables de *tumuli* monumentaux qui toujours laissent l'empreinte la plus durable dans le souvenir des promeneurs de la campagne «cérite» ou «cérétaine». Il est pourtant, dans ces nécropoles, d'autres manifestations encore de l'architecture funéraire, et non moins dignes d'intérêt. Prenons, par exemple, ce coin-ci de «la Banditaccia», qui nous la fait découvrir sous un jour plus «moderne». A partir du IVe siècle environ, on a construit, en effet, dans l'antique Cerveteri, de nombreuses tombes à chambre en bel *opus quadratum*, c'est-à-dire en superposant, sans mortier et généralement par-dessus une base taillée à même le roc, des assises horizontales faites de grands parallélipipèdes de tuf, dont l'équarrissage et l'appareil à joints vifs sont également remarquables. Il en est résulté des tombeaux à corps quadrangulaire collectif, où, comme ici, l'on ne trouve souvent pour tout ornement architectonique que le quart-de-rond qui les couronne, et des façades d'une beauté sévère, qui cherchent à s'aligner le long de la voie qui les dessert, dans une affirmation graduelle d'urbanisme funéraire.

91. *Alignements réguliers dans le secteur est de la nécropole «della Banditaccia».*

92. Le site de Castro

Le nom de Castro est attaché dans l'histoire d'Italie au duché que le pape Paul III Farnèse créa en 1537 en faveur de sa famille, avec, pour chef-lieu, une petite ville d'origine médiévale, proche du lac de Bolsena. Au XVIIe siècle, dès l'accession des Barberini au trône pontifical, éclata entre la papauté et le duc de Castro un conflit violent, que conclurent un siège en règle de la ville par les armées d'Innocent X et sa totale destruction, en septembre 1649. Le duché fut aussitôt supprimé et le site, maudit, fut abandonné bientôt de ses derniers habitants.

La cité de Castro s'élevait sur cet éperon rocheux que, sur la droite de notre photo, l'on voit émerger de l'étroite vallée du torrent Olpeta, de ces gorges profondes où s'attardent les brumes de l'aube. Ses vestiges y restent présents, cachés sous le dôme d'une folle végétation, sombre et dense, qui au fil du temps n'a cessé d'affirmer ses droits sur le territoire déserté. Les troupes

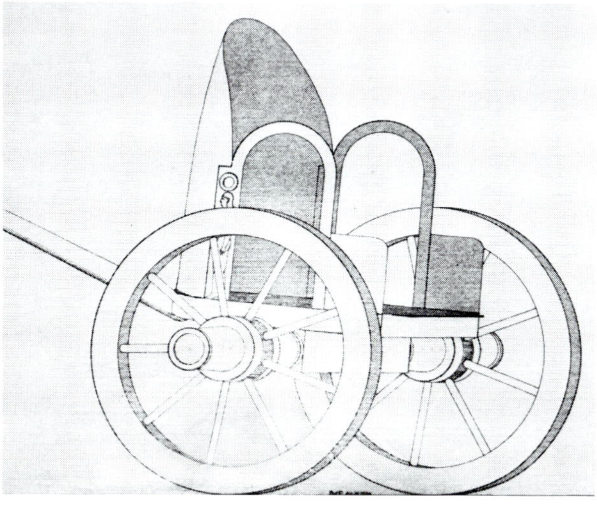

93. *Reconstitution du bige (seconde moitié du VIe s.) découvert à Castro en 1967 avec les squelettes des chevaux sacrifiés*

(Document du Musée National de la Villa Giulia).

pontificales, lors du siège, occupaient le promontoire que l'on aperçoit en face. Au premier plan, sur le plateau qui prolonge la colline de la cité, une mission archéologique belge a il y a une quinzaine d'années confirmé la présence d'une riche et très vaste nécropole étrusque. Or, ces tombeaux étrusques, l'existence aussi de routes qui paraissent fort anciennes et de nombreux colombaires romains, l'étymologie même de «Castro», tout cela ne nous met-il pas en droit de supposer, sous les strates renaissante et médiévale, un établissement romain et peut-être, au-delà, quelque importante cité étrusque? Mais, dans ce cas, laquelle?

94. *Applique décorative en bronze laminé du char de Castro*

(ROME, Musée National de la Villa Giulia).

95. Miroir découvert à Castro

Bronze gravé — Seconde moitié du IVe siècle avant J.-C.
Ischia di Castro, Antiquarium jusqu'en 1972, volé à cette date.

Le revers de ce beau miroir, tiré d'une tombe en 1965, illustre un épisode de la légende de Philoctète. Les aventures de ce héros grec sont de celles qui furent traitées avec le plus de prédilection par l'art et les lettres antiques. Les trois grands tragiques, Eschyle, Euripide et Sophocle n'ont-ils pas chacun trouvé en elles des arguments de tragédies? Philoctète était le plus adroit des

archers en même temps que l'héritier des flèches et de l'arc d'Héraclès, qu'on lui voit tenir ici dans la main gauche. Mais, cruellement mordu à la jambe par un serpent, au cours de l'expédition achéenne vers Troie, il fut lâchement abandonné par ses compagnons, que son atroce blessure incommodait, sur l'île déserte de Lemnos. Il y languit jusqu'au jour où une prophétie apprit aux Grecs, qui depuis dix ans déjà piétinaient devant Troie, que la ville ne tomberait en leurs mains que s'ils s'armaient des flèches d'Héraclès. Le rappel de Philoctète est alors décidé, et c'est Palamède, qu'on voit encore avec le bonnet et les sandales du voyage et qu'une inscription désigne de son nom

96. *Petite ciste prénestine gravée (scènes de cuisine et inscriptions) avec poignée en forme de lion*

(BRUXELLES,
Musées Royaux d'Art et d'Histoire).

étrusque, *Talmithe*, qui est chargé de la délicate négociation. Au centre, Hermès, le dieu médiateur, appuie du geste la mission de l'ambassadeur grec.

La gravure sur bronze est par nature un art linéaire, privé des effets qu'un peintre peut tirer de la distribution des clairs et des ombres. Mais l'artisan étrusque avait su trouver la compensation : un approfondissement de l'incision et le resserrement des traits créaient, sur la surface claire du bronze neuf, des taches plus sombres, qui permettaient d'attirer l'attention sur un visage ou de faire ressortir sur une étoffe plissée la nudité d'un corps. C'est la même recherche de clair-obscur qui a fait préférer de courtes hachures aux lignes continues pour le modelé des détails anatomiques internes. D'autre part, les raccourcis créent une profondeur, et les fréquents empiétements de la scène centrale sur le bandeau d'encadrement ont pour effet de détacher les figures du fond et de les doter d'une autonomie propre dans l'espace.

97. *Revers d'un miroir prénestin de la seconde moitié du IVe s. La gravure représente Cadmos vainqueur du dragon*

(BRUXELLES,
Musées Royaux d'Art et d'Histoire).

98. Détail d'une peinture murale de la Tombe de l'Enfer («dell'Orco») à Tarquinia

Vers la fin du IVe siècle avant J.-C.

En 1868, un officier français du corps d'occupation de Rome découvrait à Tarquinia un tombeau somptueux, composé en réalité de deux sépulcres voisins, d'époques diverses, que le creusement d'un passage avait postérieurement réunis en un vaste ensemble funéraire. Patriote jusqu'au vandalisme, il entreprit brutalement d'en détacher les fresques à l'intention du Louvre, mais ne réussit hélas! qu'à réduire en bien triste état une décoration picturale du plus haut intérêt! Dans la chambre la plus ancienne, par bonheur, ce qui passe pour un des plus purs profils féminins de l'art antique a échappé au saccage. C'est le visage d'une très jeune et belle femme dont un reste d'inscription apprend qu'elle se prénommait Velia. Le peintre l'avait représentée par-dessous une frise de feuilles de vigne, étendue sur un lit de table

aux côtés de son époux, Arnth Velcha, dont ne subsiste qu'une main, qui porte un rameau. Vêtue de clair, elle est richement parée de bijoux : elle a deux colliers et, aux oreilles, de lourdes boucles en forme de grappes. Elle porte aussi une couronne verdâtre de myrte ou d'olivier sur une abondante chevelure auburn retenue sur la nuque par un bandeau, mais qui tombe librement en boucles sur la joue. A n'en pas douter, le couple appartenait à l'aristocratie tarquinienne du moment.

On admirera avec quelle adresse l'artiste a joué des contrastes de couleurs : la calotte foncée des cheveux tranche sur le ton clair de la paroi, tandis qu'un fond noir-vert aux contours onduleux met singulièrement en relief les parties claires de la figure. De subtils dégradés de couleurs donnent vie et chaleur humaine à ce visage délicat et d'une émouvante noblesse. L'apposition du nom fait nécessairement de ce profil un portrait, mais qui ne saurait être qu'intentionnel et typologique. Les traits sont stylisés, totalement idéalisés sous l'influence évidente du dessin classique. Il a fallu attendre le IVe siècle, en effet, pour que l'Étrurie soit vraiment touchée par l'influence du classicisme grec. C'est que le déclin de l'Empire étrusque, que le Ve siècle déjà avait amorcé et que le IVe précipite, a freiné les échanges culturels avec la Grèce et considérablement retardé la pénétration en Toscane des formules classiques.

99. *Charun, le démon étrusque de la mort* (TARQUINIA, Tombe « dell'Orco »).

100. *Restes d'un tableau représentant Thésée et Pirithoos gardés aux Enfers par l'horrible démon Tuchulcha* (TARQUINIA, Tombe «dell'Orco»).

Revers militaires, crises politiques et difficultés économiques auront pour autre conséquence d'assombrir sensiblement la vision de l'artiste étrusque et de donner à l'iconographie funéraire une coloration nouvelle. Les fresques tombales qui autrefois évoquaient de façon si allègre les plaisirs de l'existence, se peuplent désormais d'âmes errantes et tourmentées, captives des demeures ténébreuses de l'Hadès. C'est au royaume des ombres que les sombres nuées qui enveloppent Velia situent par convention le banquet auquel elle participe, et ailleurs dans la tombe apparaissent déjà ces terrifiants démons qui deviendront si fréquents à l'époque hellénistique. Le regard de celle que, d'une formule heureuse, l'on a appelée la Joconde étrusque est vif et franc peut-être, mais il est songeur et mélancolique. Sa bouche est charnue, mais le sourire esquissé est triste: la progression des armées romaines est irrésistible et Tarquinia vient d'être soumise!

101. Les chevaux ailés de Tarquinia

Terre cuite polychrome — Fin du IVe-début du IIIe siècle avant J.-C.
Tarquinia, Musée National.

La ville étrusque et romaine de Tarquinia s'élevait sur un plateau parallèle à celui de la grande nécropole aux tombes peintes. A la veille de la dernière guerre, une exploration méthodique de ce site porta notamment au jour les fondations d'un temple important, au lieu-dit *Ara della Regina*. A proximité, l'on découvrit encore ce fragment de terre cuite peinte d'une surprenante finesse, qui vraisemblablement appartenait à la décoration du fronton du temple. C'est un haut-relief en forte saillie sur une plaque de fond dont les trous que l'on distingue devaient permettre la fixation au tympan du fronton. On y voit deux chevaux ailés, d'inspiration classique, attelés au timon d'un char malheureusement perdu.

On a eu l'occasion déjà d'apprécier le talent animalier des Étrusques. On n'en doit pas moins admirer une nouvelle fois ici le sens plastique vigoureux

dont témoigne le traitement des corps, ou l'intense frémissement de vie que communiquent ces deux têtes nerveuses, ces membres impatients. Le groupe s'impose par sa force monumentale, par sa grandeur majestueuse alors pourtant qu'il n'a guère plus d'un mètre de hauteur.

Jusqu'en pleine période hellénistique, les bâtisseurs de temples sont restés fidèles, en Étrurie, aux traditionnelles superstructures en bois, et celles-ci n'autorisaient qu'une ornementation en terre cuite. Mais des créations d'une pareille qualité témoignent bien du haut niveau de technique et de style atteint dans ce genre artistique si typiquement étrusque.

102. Intérieur de la Tombe des Reliefs à Cerveteri

IIIe siècle avant J.-C.

Que reste-t-il donc, dans la Toscane et le Latium d'aujourd'hui, des prestigieuses villes étrusques d'autrefois? Peu de chose, en réalité. C'est que ces villes, habituellement perchées sur des élévations rocheuses, trouvaient là sans doute protection naturelle contre les surprises de l'ennemi, mais s'y exposaient aussi, bien plus qu'ailleurs, à l'inexorable usure du temps. Et

d'autant plus que l'architecture des Étrusques, sacrée ou civile, semble avoir été essentiellement une architecture du provisoire, qui ne bâtissait ses superstructures que dans le bois, la terre cuite et d'autres matériaux légers et périssables, comme en réponse à un sens aigu du caractère éphémère de la vie humaine. Mais, peuple religieux, les Étrusques attachaient infiniment plus de prix à l'outre-tombe, et leurs monuments funéraires, solidement bâtis dans la pierre ou enfouis dans le roc, ont, eux, généralement résisté à l'assaut des siècles. Et, comme le concept fondamental d'une survie du mort dans la tombe invitait à faire de celle-ci la réplique fidèle — dans son plan, dans sa structure, sa décoration et son mobilier — de l'habitation des vivants, l'architecture funéraire vient heureusement suppléer aux lacunes de notre connaissance de l'architecture domestique.

Ce bel hypogée de Cerveteri en fournit un merveilleux exemple. D'une époque où déjà la cité obéissait à Rome, il est fait d'une seule, mais vaste pièce, dont la toiture à deux versants, joints par un puissant faîtage, est

103. *L'un des piliers centraux de la Tombe des Reliefs à Cerveteri.*

104. *Mur d'entrée de la Tombe des Reliefs.*

supportée par deux piliers centraux. Dans les murs sont creusées treize alcoves, réservées sans doute aux membres importants de la *gens*, tandis qu'à leurs pieds, perpendiculairement, les dépouilles plus modestes étaient allongées dans des espaces délimités sur une large banquette. Une profusion de reliefs en stuc, rehaussés de couleurs, couvre les murs. Ils restituent de manière saisissante le cadre de vie d'une maisonnée étrusque avec les animaux familiers et tous les objets d'usage courant, dont on a estimé la présence nécessaire également à la survie confortable des défunts. Le *loculus* central de la paroi du fond simule un lit aux pieds sculptés, avec deux oreillers bien tentants. Devant, sur un escabeau long et très bas, attend une paire de sandales. Le lit est flanqué, à gauche, d'un bahut à serrure sur lequel est posé du linge plié. Tout autour de la niche, pendent à des crochets des vases, des boucliers ronds, un casque, un glaive au fourreau, des jambières, une guirlande, un grand éventail. De part et d'autre, au sommet des pilastres latéraux, veillait un buste au visage aujourd'hui détruit. Un long bâton noueux est appuyé contre le pilastre droit. Dans tout ceci cependant, l'inquiétude de l'au-delà demeure présente: sous le lit, sont sculptées deux figures infernales, Scylla aux jambes anguiformes et Cerbère aux trois têtes.

105. Le sarcophage du «Magnat»

Calcaire marmoréen — Vers le milieu du IIIe siècle avant J.-C.
Tarquinia, Musée National.

Les ateliers de sculpture tarquiniens furent très actifs à l'époque hellénistique, produisant notamment une belle quantité de ces grands sarcophages à reliefs et gisants, si caractéristiques. Le sarcophage dit *del Magnate* est sans conteste l'un des plus beaux spécimens de cette série. La cuve, travaillée comme un coffre de bois, offre sur chacune de ses quatre faces une étroite frise en creux où se développe un bas-relief, d'inspiration grecque, figurant des moments critiques du combat des Athéniens contre les Amazones et de celui des Lapithes contre les Centaures. Le couvercle combine deux types: le toit et la *klinè*, c'est-à-dire qu'il représente un lit, dont cependant les deux extrémités s'élèvent en frontons, lourdement chargés d'acrotères de goût archaïque encore. Le défunt héroïsé — couronne, patère, semi-nudité — y est étendu sur le côté gauche, une main soutenant la tête. Indéniablement, l'artiste a atteint ici une force et une grandeur qui évoquent de purs gisants médiévaux ou renaissants. Le visage est traité à pans coupés

(n'a-t-on pas été jusqu'à parler de «cubisme»!) avec une belle simplicité expressionniste. L'esprit hellénistique en est quasi absent, alors qu'on le décèle dans les reliefs de la caisse. Ces reliefs, comme le gisant et les sculptures du couvercle, conservent, on le constate, des traces nombreuses et vives d'une polychromie très variée.

Sur la face antérieure de la cuve, on lit très clairement de droite à gauche l'épitaphe suivante: *velθur : partunus : larisališa : clan : ramθas : cuclnial : zilχ : ceχaneri : tenθas : avil / svalθas : LXXXII.* Cette inscription est de celles qui se traduisent sans hésitation: *Velthur Partunus, fils de Laris* (son père) *(et) de Ramtha Cuclnei* (sa mère), *qui a exercé les fonctions de «zilch cechaneri» (et) a vécu 82 ans.*

Il faut savoir qu'au VIe-Ve siècle, l'Étrurie, solidaire de la grande crise politique, féconde en expériences constitutionnelles nouvelles, que vécut alors concurremment toute la communauté culturelle italique (songeons à Rome!), a transformé en oligarchies patriciennes ses royautés archaïques. Dans cette période républicaine, nous trouvons à la tête de la cité étrusque, comme magistrats réguliers suprêmes, des *zilath* ou *zilch*, qui semblent réunis en collège sous la présidence de l'un d'eux. Ce titre apparaît, dans les inscriptions, accompagné souvent de déterminants de nature diverse (ici *cechaneri*), qui ne sont d'ailleurs pas toujours traduisibles mais paraissent destinés à spécifier les attributions du magistrat. On a donc pu imaginer qu'au sein du collège, les membres étaient dotés chacun d'une compétence spéciale, d'attributions distinctes concernant des ordres politiques, sociaux ou religieux divers. De tout ceci se dégage une certaine analogie de la fonction étrusque avec celle des archontes athéniens ou des préteurs de Rome, ou même, si l'on veut, avec nos actuels ministres des Affaires Étrangères, de l'Intérieur, de la Justice etc.

106-107. Le lac Trasimène

Tout semble en place, au lac Trasimène, pour composer un des plus paisibles paysages d'Italie: un grand miroir d'eau bleue aux scintillements d'argent, quelques barques de pêche autour de trois îlots tranquilles, une couronne de vignes et d'oliviers, et puis le doux relief des collines ombriennes. Et pourtant l'endroit vous emplit d'une sourde inquiétude. Naît-elle de la solitude de ces rives marécageuses, autrefois même chargées de miasmes? Ou est-ce le souvenir dramatique du massacre des légions romaines qui met l'amertume au cœur ? Car les villages aux noms tragiques que l'on traverse, *Sanguineto* ou *Ossaia*, ne permettent pas d'oublier que ces lieux furent le théâtre d'une des batailles les plus sombres de l'histoire de Rome.

C'était au début de la deuxième guerre punique, en 217 avant notre ère, un 21 juin. Descendant sur Rome, Hannibal attirait à sa suite C. Flaminius, le téméraire et présomptueux consul romain. Arrivé au pied des monts de Cortone, sur la rive nord du Trasimène, il attend son ennemi, mettant très habilement à profit la disposition des lieux. En effet, en guise d'appât il installe un camp à découvert dans la plaine étroite que ferment le lac et l'arc des collines, et dissimule sur les hauteurs le reste de ses effectifs : seul un étroit passage est laissé ouvert devant le Romain.

Au petit matin, Flaminius, inconscient et, il faut le reconnaître, empêtré dans un brouillard épais qui s'élevait du lac, s'engagea dans la passe. Les mâchoires de la tenaille se refermèrent aussitôt. Enfermée de flanc par la montagne et l'eau, de face et de dos par l'ennemi, l'armée romaine connut une défaite effroyable. Le consul lui-même trouva la mort, et ce fut le signal d'une débandade générale: *«ni lac ni montagnes n'étaient un obstacle à la peur; à travers défilés, escarpements de toute sorte, aveuglément, ils s'échappent; tout armés, les hommes se précipitent les uns sur les autres. Beaucoup, là où il n'y a pas d'endroit pour fuir, s'avançant dans l'eau au bord peu profond du marais, s'y enfoncent jusqu'à ce que leurs têtes et leurs épaules dépassent seules. Il y en eut qu'une peur irréfléchie poussa à prendre la fuite même à la nage; quand ils voyaient que cette façon de fuir était sans fin et sans espoir, ou bien, le courage leur manquant, ils étaient engloutis par un gouffre, ou bien, après s'être fatigués en vain, ils regagnaient avec beaucoup de peine les hauts fonds, où les cavaliers ennemis, entrés dans l'eau, les massacraient çà et là»**.

Cette bataille mémorable se déroula donc en pleine Étrurie. Celle-ci souffrit beaucoup de cette guerre qui n'était point la sienne, mais demeura calme cependant. C'est que, dès la seconde moitié du IIIe siècle, Rome a achevé déjà de la soumettre. Et après 150 années de lutte ardente et malheureuse contre Rome, le visage de l'Étrurie apparaît profondément

* TITE-LIVE, *Histoire romaine*, XXII, 6, 5-7. Trad. E. Lasserre.

changé. Désormais elle est tout entière dans l'orbite romaine. Une partie de ses territoires est annexée. Ailleurs, des cités comme Tarquinia, Vulci, Chiusi ou d'autres, réduites à la condition d'alliées, ont conservé une autonomie qui souvent n'est plus qu'apparence et achèvent leur histoire dans les formes d'autrefois, mais sous la surveillance attentive des maîtres de l'heure. Les grandes voies consulaires traversent déjà l'Étrurie et des colonies y ancrent la présence romaine. Sans doute, la marche victorieuse des Carthaginois à travers la Toscane dut-elle éveiller au cœur des Étrusques le souvenir des exaltantes coalitions du passé et la nostalgie d'une grandeur défunte. Il y eut d'ailleurs de-ci de-là quelque agitation. Rien d'alarmant cependant. En ces derniers siècles de la République, Rome trouve chez ses voisins du Nord une adhésion instinctive à son hégémonie sur l'Italie. En 205, les «peuples» d'Étrurie sont même les premiers à contribuer, par des dons spontanés de vivres, d'armes, de matériaux de construction navale, à l'organisation de l'expédition africaine de Scipion!

Pourtant si l'Étrurie a cessé d'être maîtresse de ses destinées, si son histoire commence à se confondre avec celle de Rome, pendant longtemps encore ses traditions et sa culture vivront et influenceront son vainqueur. N'était-ce pas le sort de Rome d'être conquise par ses adversaires vaincus?

108. La «Porta all' Arco» de Volterra

Vers la fin du IIIe siècle avant J.-C.?

Les Étrusques, qui savaient choisir l'emplacement de leurs cités, ont su aussi les défendre, et en maints coins de Toscane d'imposants tronçons de murailles sont là encore pour en témoigner superbement. Des blocs énormes y sont empilés, toujours à sec: leur masse suffisait bien à assurer leur stabilité, et cette technique déjà distingue ces ouvrages de la maçonnerie romaine. Malheureusement — pour l'archéologue — les fortifications conservées sont pour la plupart fort tardives. Le fait pourtant se comprend sans peine. C'est, en effet, à partir du IVe siècle surtout, que les Étrusques, pris entre nord et sud, entre les menaces d'invasions celtiques et les progrès inquiétants de la conquête romaine, ont senti l'urgence de protéger artificiellement leurs cités. Jusque là, les défenses naturelles qu'offraient les sites choisis avaient bien pu suffire à les mettre à l'abri.

Des sept kilomètres d'enceinte de Volterra subsistent d'importants vestiges, qui furent repris et exhaussés par les Romains d'abord, par les habitants du Moyen Âge ensuite. Au sud, deux arcades en plein cintre ouvrent un passage haut de six mètres, mais qu'il est extrêmement difficile de dater avec précision et dont l'unité de construction même n'est rien moins que certaine. Ce qui est indiscutablement étrusque, en tout cas, ce sont les lourds

109. *Représentation de porte sur une urne tardive de Pérouse*

(PÉROUSE,
Musée Archéologique National de l'Ombrie).

blocs quadrangulaires des pieds-droits et des murs internes, de même que les trois têtes qui, en forte saillie aux sommiers et à la clé de l'arc extérieur, se trouvent insérées entre les claveaux ordinaires, mais sans proportion avec eux. Malgré leur piteux état, on en devine le mouvement et l'expression pathétiques. Mais on continue à s'interroger sur leur identité. Le plus raisonnable, semble-t-il, serait d'y voir les divinités tutélaires de la ville, représentées là dans une intention apotropaïque. Usage rituel probablement et, en tout cas, largement diffus, puisque nous le font connaître encore plusieurs représentations de portes sur urnes cinéraires et la «Porta Marzia» de Pérouse.

110. *Chapiteau du IIIe s. à feuillage et têtes humaines, provenant d'une tombe de Vulci* (ROME, Musée National de la Villa Giulia).

111-112. «Le balze» de Volterra

Le promeneur qui se laisse guider par les remparts étrusques de Volterra, arrivé au nord de l'antique cité, voit s'ouvrir soudain, presque sous ses pas, d'effroyables précipices ou, comme disent les Italiens, des «balze». Le spectacle est tragique, mais grandiose à la fois, comme toujours du reste quand la nature renonce à nous cacher ses convulsions et ses déchirements.

L'austère Volterra est donc campée sur une montagne, mais qui se désagrège, et l'on découvre ici, à nu, la fragilité dérisoire de son orgueilleux piédestal. Car c'est l'érosion de ces strates de sables jaunâtres, si peu épaisses, et des argiles sous-jacentes qui est cause de ces chaotiques éboulements. Quand le cataclysme a commencé, on ne le sait trop. Mais il a emporté déjà un monastère, des églises, des maisons, des cimetières étrusques archaïques. Et l'affaissement progresse toujours, très lentement mais sans trêve. Au bord de la falaise, les prochaines victimes — une église romane, déjà croulante et abandonnée, quelques habitations sans doute, et des pans de mur étrusque — attendent, résignées à un sort désormais inéluctable.

C'est au soleil couchant qu'il faut voir surtout ce gouffre immense, quand les derniers rayons se prennent à jouer sur ces crêtes, sur ces escarpements gris et roux, dans ces replis et ces calanques qui déchiquettent le paysage. Image hallucinante! Vision dantesque! Et d'ailleurs ne rapporte-t-on pas que Dante aurait nourri le décor de son «Enfer» de réminiscences du pays volterran?

Je pus m'apercevoir que j'étais sur le bord
du vallon douloureux de l'abîme où ne règne
que le bruit infini des lamentations.
Il était si profond et si plein de ténèbres
que, malgré mes efforts pour regarder au fond,
je ne puis distinguer aucun de ses détails.
«Nous descendons au sein de la nuit éternelle,
dit alors le poète au visage de cire;
j'entrerai le premier, tu seras le second».*

113. La porte dite «Arc d'Auguste» à Pérouse

IIIe-IIe siècle avant J.-C.?

La porte nord de l'enceinte antique de Pérouse est l'un des rares monuments d'architecture non funéraires que l'Étrurie nous ait transmis en un état suffisant pour qu'il nous soit permis encore de nous en figurer l'aspect originel. Et, sans conteste, les réalisateurs de cette grande construction de travertin ont réussi cette fois à y conjuguer la puissance et une beauté faite de simplicité et d'harmonie.

Un arc, formé de deux rangs de claveaux et d'un bandeau mouluré, engendre en façade un passage en berceau, haut de près de huit mètres et large

* *L'Enfer*, IV, 7 svv. Trad. A. Cioranescu.

de plus de dix. Par-dessus, court une frise dont la sévère élégance s'inscrit avec un réel bonheur dans la structure massive de l'ouvrage: c'est une dérivation de la frise à triglyphes et métopes, de courts pilastres cannelés à chapiteaux ioniques ayant pris la place des premiers et des boucliers ronds occupant les secondes. La partie supérieure avec son arc de décharge flanqué de deux pilastres est probablement romaine. Elle doit remonter au temps d'Auguste, à l'initiative de qui la ville, sous le nom d'*Augusta Perusia*, fut relevée des ruines où l'avaient laissée les guerres civiles, en 40 avant notre ère.

Cette sobre façade s'insère entre deux énormes bastions pyramidants en très forte saillie de chaque côté. Sur l'un d'eux, la Renaissance et le Baroque ont laissé d'assez heureux compléments. L'Arc d'Auguste est devenu ainsi l'image de la continuité de vie que connut le rocher de Pérouse et des couches de civilisation qui s'y sont superposées à travers les siècles.

114. La «Porta Marzia» de Pérouse

IIIe - IIe siècle avant J.-C.?

Lorsqu'en 1540, le pape Paul III, ayant soumis Pérouse, décida d'y élever une forteresse formidable, afin d'assagir plus sûrement un État pontifical rebelle s'il en fut, il confia le travail à Sangallo le Jeune. Et celui-ci, en parfait humaniste, eut la rare sagesse de ne pas démolir la porte sud-est de la ville antique que son plan rencontrait, mais d'en sauver la partie la plus significative en l'intégrant, sans modification d'emplacement ni d'orientation, dans les murs mêmes de la *Rocca Paolina*. Nous avons conservé ainsi l'élégant arc mouluré qui couronnait le passage, les grosses têtes saillantes qui l'accompagnent, dans le même esprit qu'à Volterra, et, par-dessus, un décor curieux, qui développe peut-être, non sans surcharge cependant, la frise à boucliers de l'Arc d'Auguste. C'est une sorte de *loggia* à transenne supportée par les deux hauts pilastres qui délimitent toute la composition et par quatre autres plus petits et cannelés. Y apparaissent à mi-corps, mais en piètre état, deux chevaux encadrant trois figures viriles, qui ne sont, hélas!, plus identifiables. On a cru parfois pouvoir y reconnaître Tinia, le Jupiter étrusque, entouré de ses fils Castor et Pollux, les dieux cavaliers. Les quatre mots latins (*Colonia Vibia Augusta Perusia*) qu'on peut lire encore au-dessus et au-dessous de cette galerie ont été gravés postérieurement. Ils rappellent que c'est à l'un de ses fils, l'empereur C. Vibius Trébonien Galle (IIIe siècle), que Pérouse fut redevable du statut de colonie.

Les portes de villes étrusques attestent donc un usage de l'arc et de la voûte, et l'on sait combien les Romains ont largement exploité cette formule. Il est clair cependant que sur une base aussi tardive que les vestiges dont nous pouvons faire état on ne peut tenir les architectes toscans pour les inventeurs de cette technique. Sans doute, sur ce point encore, héritaient-ils de l'Orient méditerranéen.

115. Collier d'or et d'émeraudes

Période hellénistique.
Bruxelles, Musées Royaux d'Art et d'Histoire.

Bien sûr, les bijoux étrusques de l'époque tardive ne peuvent plus soutenir la comparaison avec les chefs-d'œuvre d'art et de technique que produisaient les temps archaïques. L'orfèvrerie toscane ne pouvait pas ne pas être touchée, elle aussi, par le déclin général de l'Étrurie. Mais la dureté des temps ne fit pas perdre aux élégantes étrusques leur goût des pierres et métaux précieux. Les représentations nombreuses de bijoux en peinture ou sculpture en font foi, autant que les pièces réelles que nous avons eu la chance de conserver.

Ce collier du Cinquantenaire, découvert on ne sait exactement où en Étrurie, est fait d'un pendentif léger et d'une enfilade de seize émeraudes opaques alternant avec des doubles feuilles en or estampé, auxquelles pendent de petites perles de grenat et d'émeraude. Le travail est loin d'avoir l'originalité et la richesse décorative des créations de haute époque. Il est plus «standard», mais dans sa simplicité n'est pas dépourvu d'une élégance délicate.

116. Le prêtre tarquinien Laris Pulenas

Couvercle de sarcophage en pierre (*nenfro*) — Vers 200-180 avant J.-C.
Tarquinia, Musée National.

Ce sarcophage fameux, qui fut découvert en compagnie de vingt autres dans un grand hypogée de famille, à Tarquinia, est connu traditionnellement sous le nom de «sarcophage du Magistrat». On comprend bien que devant ce visage grave, ce maintien imposant, devant le geste ample et solennel qui déroule un *volumen* dont on présume l'importance, l'on ait pu songer à quelque gouverneur de cité. La dénomination est impropre pourtant, et une étude attentive du texte que porte ce rouleau de toile, ou de peau peut-être, relève que ce sont surtout de hautes fonctions sacerdotales que le défunt

exerça dans sa ville. Ce n'est pas que cette longue inscription d'une soixantaine de mots, qui est un éloge funèbre, nous la comprenions toute, tant s'en faut! Mais si beaucoup d'obscurités subsistent, on entrevoit cependant suffisamment, sous une forme apparemment rythmée, la signification générale du message.On apprend ainsi que l'illustre défunt, dont la généalogie est détaillée fièrement jusqu'à la quatrième génération, avait occupé à Tarquinia de nombreuses charges religieuses en rapport notamment avec les cultes de Bacchus, du dieu solaire étrusque Catha, et de Culsu, une divinité funéraire.

Il serait dommage enfin de ne pas considérer un moment la vérité d'expression du portrait: «*Le mort, représenté à demi étendu sur le couvercle, est un petit vieillard pourvu d'une grosse tête aux traits mous, à qui convient assez mal l'accoutrement héroïque: nudité du torse, et deux couronnes, l'une pendue à son cou, l'autre qui lui serre le crâne et qu'on prendrait à première vue pour un béret; pourtant, avec son regard sévère et ses sourcils froncés, il affecte une autorité vaguement napoléonienne*»*.

117. La tombe dite «Tanella di Pitagora» à Cortone

IIe siècle avant J.-C.?

La tradition rapporte que Pythagore, le grand philosophe et mathématicien grec du VIe siècle avant notre ère, aurait quitté sa patrie pour des raisons politiques, et qu'il vint s'établir en Grande-Grèce, à Crotone tout d'abord, pour y fonder la secte philosophique et religieuse que l'on sait. Mais de Crotone, en Italie méridionale, à Cortone, en Étrurie, il n'y a, en somme, que la distance d'une interversion de lettres. Est-ce suffisant pour couper les ailes à une légende? Apparemment non, puisque à quelques minutes de la cité toscane, on fait visiter toujours «la grotte» ou «l'antre» où ce même Pythagore aurait achevé ses jours! Or, ce qu'on y fait voir, au milieu d'un cercle de sombres cyprès, n'est autre, en réalité, qu'un tombeau étrusque collectif, de datation difficile et discutée, mais fort tardif probablement.

* J. HEURGON, *La vie quotidienne chez les Étrusques*, p. 291.

C'est une construction à tambour cylindrique qui enclôt une seule chambre sépulcrale, rectangulaire et de petites dimensions, dont les murs sont pourvus de plusieurs niches pour des urnes cinéraires. Cette chambre était couverte d'une voûte en berceau — malheureusement trop récente, encore une fois, pour être réellement significative — faite de cinq blocs seulement, mais aussi longs donc que l'espace à couvrir, taillés en claveaux et supportés, à chaque extrémité, par un tympan monolithique. L'ensemble, aujourd'hui en assez piètre état de conservation, est soigné mais pesant. Il est vraisemblable pourtant que ces blocs énormes de grès local, assemblés, selon l'usage, sans substance de liaison, étaient coiffés à l'origine de quelque monumental *tumulus*.

118-119. Les Tables Eugubines: détails

Bronze — Entre le IIIe et le Ier siècle avant J.-C.
Gubbio, Palais des Consuls.

Au nord de cette verte et douce Ombrie, qui toute nous parle de saint François, dans cette ville de Gubbio précisément, où les *Fioretti* placent le miracle du loup amendé, on a fait, au milieu du XVe siècle, une découverte sensationnelle: neuf plaques de bronze rectangulaires, porteuses d'un texte gravé qui est le plus long des documents linguistiques pré-romains que nous possédions. De deux d'entre elles on a perdu la trace à Venise, au XVIIe siècle déjà. Les sept qui restent, de dimensions inégales mais toujours inférieures au mètre, proposent à notre sagacité des inscriptions parfaitement lisibles, mais usant de deux alphabets différents: les cinq premières tables, en effet, sont écrites de droite à gauche dans un alphabet ombrien, très proche de l'étrusque; les deux dernières, ainsi qu'un appendice joint au verso de la cinquième et qu'illustre partiellement notre planche, sont écrits de gauche à droite en caractères latins. La datation est très difficile et demeure imprécise. La substitution de l'alphabet latin à l'écriture indigène témoigne, en tout cas, d'une romanisation de l'Ombrie, qui s'opère alors aux dépens de l'influence des Étrusques, dont l'histoire s'achève.

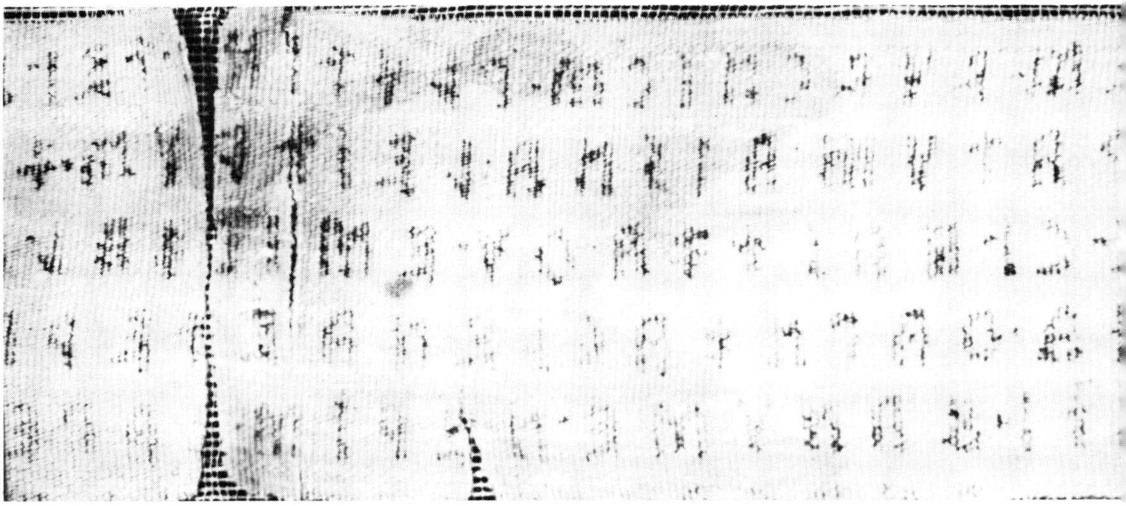

120-121. *Extraits de notre plus longue inscription étrusque (plus de mille mots). Elle est tracée à l'encre sur des bandelettes de momie qui ont été taillées dans un «volumen» de lin* (ZAGREB, Musée Archéologique).

Quel que soit l'alphabet utilisé, la langue n'est ni étrusque ni latine (encore que dans le passé l'on s'y soit laissé prendre), c'est de l'ombrien, qui est un parler indo-européen. En outre — et l'on s'en doute — ces textes sont, depuis des siècles, l'objet d'études fouillées. Néanmoins, des obscurités et des incertitudes très nombreuses subsistent encore et une traduction intégrale est toujours impossible. Le contenu général du texte, cependant, est devenu suffisamment clair: ces tables, qui contiennent principalement des descriptions de cérémonial, doivent être regardées comme une partie des actes d'une sorte de congrégation religieuse de prêtres. Tout cela évoque assez certaines vieilles formules sacrées latines, que nous a transmises la littérature, ou encore le long texte d'un rituel étrusque que l'on conserve à Zagreb. C'est que, dès avant l'action unificatrice de Rome, une certaine unité spirituelle et culturelle liait déjà, dans l'ombre prestigieuse de l'Étrurie, les populations d'Italie centrale.

122. Face latérale gauche du pilier central de la Tombe du Typhon à Tarquinia

IIe siècle avant J.-C.

Descendons une fois encore l'un de ces longs escaliers humides au pied desquels se terrent les merveilleux hypogées peints de l'aristocratie tarquinienne, et découvrons la tombe *«del Tifone»*, où brûlent les derniers feux d'un art prestigieux qui s'éteint. Une seule chambre funéraire s'ouvre devant nous, mais ses dimensions sont considérables, et au centre un gros pilier a été réservé dans la roche pour soutenir le plafond. La fonction même de ce pilier apparaît symbolisée par les grandes figures peintes qui ornent trois de ses faces, figures d'êtres divins — élégante cariatide et vigoureux atlantes —, qui supportent à bout de bras le toit du sépulcre. Les deux démons symétriques des côtés gauche et droit surtout sont restés admirables malgré les assauts furieux du temps, qui n'a pas réussi à nous en faire ignorer la fougueuse beauté. Ce sont des monstres ailés et leurs jambes se terminent en serpents aux inquiétants replis. La tombe a tiré son nom de ces images, en lesquelles on a cru reconnaître le géant Typhon, qui s'insurgea contre le Ciel, mais que Zeus abattit en l'écrasant sous le mont Etna.

Le géant anguipède est campé entre une bande de rosaces fort abîmée et une corniche moulurée et peinte qui a conservé ses ornements colorés. Arcbouté sur les genoux, tous muscles tendus, les bras levés et les mains sous les denticules de la corniche, il fléchit le buste sous l'effort énorme. Son abondante chevelure se hérisse et il ouvre tout grands des yeux pathétiques. Un large trait sombre délimite ce corps nerveux, dont un clair-obscur savant fait vibrer le modelé puissant. La chaude carnation brun-rouge se découpe avec bonheur sur le gris du fond et le bleu des grandes ailes déployées ou des reptiles tortueux.

Les prototypes de ces géants étrusques doivent être cherchés dans l'art hellénistique de l'Asie Mineure, ce n'est guère douteux. La construction serpentine du motif, le dynamisme du mouvement, la plasticité des formes ne reportent-ils pas spontanément l'esprit vers les géants rebelles du grand autel de Pergame?

Ce tombeau fut utilisé pendant longtemps. De nombreux sarcophages de pierre furent déposés sur le triple banc qui court à la base des quatre murs; parfois le défunt était inhumé directement dans une cavité pratiquée dans l'un même des gradins et recouverte d'un simple gisant. Images d'un monde en complète mutation, les épitaphes sont rédigées en latin aussi bien qu'en étrusque.

123. Les «vieux» de Volterra

Terre cuite — IIe - Ier siècle avant J.-C.
Volterra, Musée Étrusque Guarnacci.

*... puisque nous avons passé notre vie en parfaite union de cœur, puisse la même heure nous emporter tous les deux!...**

L'impérieux souci d'assurer à la survie du défunt un support moins périssable que ses restes éphémères avait d'emblée conduit le premier art funéraire des Étrusques dans une tâtonnante recherche d'anthropomorphisation. En outre, en posant sur des corps schématisés des têtes qui visaient au portrait, les sculpteurs de canopes inventaient le «buste», un genre auquel répugneront toujours les exigences d'unité organique de la statuaire grecque. A l'autre bout de l'évolution artistique de l'Étrurie, en plein âge étrusco-romain, les mêmes goûts inspirés par les mêmes croyances s'expriment encore dans l'intérêt essentiel que les sculpteurs de gisants d'urnes et de sarcophages accordent à la représentation de la tête, considérée comme siège fondamental de la personnalité. Le corps souvent est travaillé plus sommairement; sur les couvercles d'urnes les formes contractées que lui

* Ovide, *Métamorphoses*, VIII, 708-709.

impose la réduction des surfaces peuvent être même grotesquement disproportionnées avec le volume plus considérable laissé à la tête. Mais dans celle-ci, quelle intensité d'expression! Quel réalisme intransigeant, quelle irrépressible quête de vérité a poussé jusqu'à la cruauté, jusqu'aux limites de la caricature le modelage de ces visages, de ceux, par exemple, de ces deux vieillards étendus côte à côte sur un couvercle d'urne trouvé à Volterra et dont la longueur excède à peine 70 centimètres! Il n'est pas absolument sûr qu'on ait voulu représenter ici un bon ménage de paysans toscans, un couple d'époux. Les yeux de la femme fixés dans ceux du défunt pourraient faire croire à quelque être démoniaque porteur de l'arrêt implacable du destin. Mais peu importe. Le visage qu'on lui a fait est celui d'une vieille femme du peuple usée par une existence sans indulgence. Le reste de coquetterie dont témoignent les ondulations de ses cheveux ne réussit guère à adoucir l'austère détermination de son profil anguleux, l'amertume de la bouche, la dureté du regard. L'homme paraît moins tendu, il regarde devant lui avec une force confiante encore, sans trop d'illusions pourtant. L'un et l'autre visage sont dévoilés sans la moindre flatterie, placés sous une lumière crue qui chasse l'ombre au creux des rides burinées par le labeur et la vie, et impitoyablement scrute les défauts.

124. *Urne cinéraire en tuf* (VOLTERRA, Musée Étrusque Guarnacci).

Le naturalisme profond de ces portraits est le même qui anime les créations du courant populaire romain des dernières années de la République et de l'époque impériale. Et l'écho en a retenti même jusqu'à la Renaissance toscane et, par elle, est venu jusqu'à nous.

Le motif du couple sur un lit de banquet, nous l'avons connu dès l'archaïsme étrusque. Mais comme on est loin ici des figures souriantes du grand sarcophage de Cerveteri à Villa Giulia ! Le chemin parcouru depuis est en quelque sorte celui même de la vie d'une civilisation, et le groupe de Volterra peut être le symbole d'un art plein de vitalité encore, et pourtant finissant : le flambeau déjà change de mains.

125. *Urnes étrusques insérées dans la façade du Palazzo Bucelli à Montepulciano.*

TABLE DES ILLUSTRATIONS

Les illustrations de cet ouvrage sont publiées avec l'autorisation expresse des divers organismes responsables. Toutes les photographies ont été prises par l'auteur et sont sa propriété, à la seule exception des documents suivants : les nos 28, 33, 34, 42, 45, 82 et 83, qui ont été directement fournis par la Surintendance Archéologique de la Toscane (Florence), les nos 53, 54 et 116 par M. P. F. Merckx (Bruxelles), le no 68 par l'Institut d'Étruscologie et Antiquités Italiques de l'Université de Rome, les nos 85 et 97 par les Musées Royaux d'Art et d'Histoire à Bruxelles, le no 87 par la Surintendance Archéologique de l'Émilie-Romagne (Bologne), le no 105 par la Surintendance Archéologique pour l'Étrurie méridionale (Rome, Villa Giulia), les nos 120 et 121 par le Musée Archéologique de Zagreb. À ces personnes, à ces institutions on est heureux de pouvoir adresser ici de vifs remerciements.

Les chiffres renvoient aux numéros d'ordre des illustrations.

Sites